Ton sang sera le mien

*

Les époux de minuit

Chère lectrice,

Comme chacun sait — et vous qui aimez l'Amour le savez mieux que personne ! —, février est le mois de la Saint-Valentin. C'est pourquoi, une fois de plus, je vous propose dans la collection Sixième Sens des aventures inédites dont le maître mot est la passion.

Et, pour commencer, retrouvez dans *La prisonnière de Sarnia* (N° 167) un personnage rencontré le mois dernier dans *Le visiteur de la Terre* (N° 165). Cette fois, ce n'est pas Starbuck, le Sarnian, qui vient sur Terre mais son beau-frère américain, Dylan, qui va sur la planète Sarnia, où l'attend un défi surhumain. Mais son bonheur est à ce prix, et Dylan mettra un point d'honneur à triompher de ses adversaires, sur une planète qui lui est aussi étrangère qu'hostile. Ne manquez pas ce dépaysant roman de JoAnn Ross, un auteur dont vous pourrez également apprécier le talent dans Les Best-Sellers Harlequin, en mars 2001.

Le second roman du mois en compte deux, deux histoires fantastiques en un volume. Si vous aimez les surprises, les retournements de situation, les héroïnes fortes et déterminées qui se découvrent une petite faiblesse pour des hommes pas comme les autres, vous vous délecterez à la lecture de ces deux passionnants miniromans, *Ton sang sera le mien*, de Maggie Shayne, et *Les époux de minuit*, de Marilyn Tracy. Puis, en refermant le livre, vous pourrez méditer cette citation de Cioran : « L'art d'aimer ? C'est joindre à un tempérament de vampire la discrétion d'une anémone. »

Peut-être saurez-vous, en suivant ce conseil, prolonger durablement le charme de la Saint-Valentin !

Au mois prochain...

La responsable de collection

MAGGIE SHAYNE

Ton sang sera le mien

HARLEQUIN

SIXIÈME SENS

Si vous achetez ce livre privé de tout ou partie de sa couverture, nous vous signalons qu'il est en vente irrégulière. Il est considéré comme « invendu » et l'éditeur comme l'auteur n'ont reçu aucun paiement pour ce livre « détérioré ».

Cet ouvrage a été publié en langue anglaise
sous le titre :
TWILIGHT VOWS

Traduction française de
PIERRE FRANÇOIS REIGNIER

Originally published by SILHOUETTE BOOKS,
division of Harlequin Enterprises Ltd.
Toronto, Canada

83-85, boulevard Vincent-Auriol, 75013 Paris — Tél. : 01 42 16 63 63
Service Lectrices — Tél : 01 45 82 47 47
ISBN 2-280-10583-7 — ISSN 1258-2530

1.

Irlande, 1808

Ce soir-là, je marchais seul sur le chemin qui menait au village. Après avoir trimé toute la journée dans les champs de mon père, j'étais ivre de fatigue, crasseux, et le moindre muscle de mon corps me faisait souffrir. Mais je me sentais bien ! Je savourais mes douleurs qui, en fait, me prouvaient que ma santé se rétablissait. Enfin, je pouvais jouir de nouveau de ma force et de ma vigueur ! Pendant plusieurs mois, en effet, j'avais été victime de vertiges et de fièvres terribles qui me plongeaient dans l'inconscience. Je m'étais très affaibli. Puis, ces derniers jours, peu à peu, j'avais eu l'impression que ma maladie passait enfin. Pour m'assurer que j'allais mieux, j'avais bossé comme deux hommes dans les champs — mettant mes frères et mes cousins au défi d'abattre autant de labeur que moi, me moquant d'eux parce qu'ils prenaient des pauses pour souffler alors que moi je continuais de sarcler la riche terre de ma famille.

Tant et si bien que j'étais resté au travail bien après leur départ à tous, et qu'à présent, je rentrais seul au village à la nuit tombée.

Une brise automnale bien fraîche caressait mon visage. Le ciel s'ornait d'une immense lune jaune. Les feuilles mortes craquaient sous mes semelles. Je marchais d'un bon pas en humant les odeurs des champs et de la forêt voisine, qui s'emmêlaient délicieusement. Tournant la tête, je posai les yeux sur nos plantations de potirons qu'il faudrait récolter le lendemain, en prévision de la gelée fatale qu'avait prédit grand-maman.

Une gelée fatale.

Ces mots me faisaient frissonner, mais cela s'expliquait facilement. Enfant, j'avais passé des soirées entières à écouter grand-maman raconter à toute la famille rassemblée autour de la cheminée des histoires de fantômes, de vampires et de monstres chimériques. Elle avait un tel don qu'aujourd'hui, adulte, il suffisait qu'elle dise « gelée fatale » pour que je tremble ! Que j'étais bête, direz-vous ! Eh oui, peut-être... Cependant, si vous aviez entendu la voix sépulcrale de ma grand-mère, si vous aviez vu briller ses yeux d'un bleu pur, et son visage ridé illuminé par les flammes de l'âtre, eh bien, elle vous aurait aussi donné froid dans le dos !

Un soir comme ce soir, par exemple, elle aurait dit : « Tout semblait calme et paisible dans la campagne. Mais seul un fou aurait osé marcher seul à cette heure tardive. Car à cette heure, le voile qui séparait le monde des vivants de celui des morts s'écartait, pour laisser les démons pénétrer... »

— Chut, Grand-maman, murmurai-je.

Le vent fouetta mon visage. Je commençai à avoir la chair de poule sur les bras. Je fourrai les mains dans mes poches, rentrai la tête dans les épaules et accélérai le pas.

Soudain, quelque chose passa tout près de moi au bord du chemin. Je sursautai, puis me renfrognai.

— Ce n'est rien, marmonnai-je. Cesse de te faire peur tout seul !

Je pressai le pas. Mais...

Mais je sentais comme un regard attentif posé sur moi. Il me semblait que quelqu'un... m'observait. Un loup ? Une chouette ? Sans doute. Je me répétai que je n'avais aucune raison d'avoir peur.

Et, tout à coup, un vertige me saisit.

Un de ces vertiges dont je n'avais pas souffert depuis plusieurs jours, et dont je me croyais guéri !

Le sol se déroba sous mes pieds, le paysage sembla se distordre devant mes yeux. Je chancelai. Juste avant de basculer face contre terre, je réussis à prendre appui sur un arbre, là, tout près, juste au bord du chemin. M'agrippant au tronc — qui était chaud et doux —, je respirai à fond, m'efforçant de ne pas sombrer dans l'inconscience.

Ce fut alors que l'arbre se mit à parler.

— Hélas, mon garçon ! J'espérais attendre encore un peu. Mais je me rends compte qu'il me faut agir dès ce soir.

Je relevai brusquement la tête et m'écartai — non pas d'un arbre, mais d'un homme !

Non, rectifiai-je avec effroi. Pas vraiment un homme non plus...

Ses yeux étaient plus sombres que la nuit, ses cheveux aussi noirs que la suie brillaient sous la clarté lunaire. Ses lèvres pleines, charnues, avaient la couleur de cerises bien mûres. Son teint, en revanche, était d'une pâleur choquante.

Je reculai d'un pas. Le vent fraîchit tout à coup, comme si les éléments comprenaient qu'il allait se passer quelque chose de terrible, ici et maintenant !

« A cette heure, le voile qui séparait le monde des vivants de celui des morts s'écartait... »

Je reculai encore, frissonnant de terreur.

La créature secoua la tête.

— N'essaie pas de t'enfuir. Cela ne te servira à rien.

— Qui êtes-vous ? balbutiai-je. Que me voulez-vous ?

Il sourit tristement.

— Je ne veux que ton bien, Donovan.

Avec une rapidité inouïe — telle que je ne vis même pas son geste —, il s'approcha et agrippa les pans de ma chemise.

J'étais grand, costaud et vigoureux. En dépit de ma maladie, je possédais une force musculaire à faire pâlir les phénomènes de foire, et jamais encore je n'avais rencontré personne qui pût se mesurer à moi.

Mais lui, là, cet homme, cette *chose*, me tenait comme si je n'étais qu'un enfant ou une marionnette entre ses mains. J'avais beau me débattre, gesticuler, il ne lâchait pas prise.

Puis il se pencha sur moi. La peur me noua le ventre. Une souffrance terrible, tétanisante, m'oppressa la poitrine.

Je sentis sa bouche contre mon cou... ses lèvres entrouvertes... puis comme un coup de poignard quand ses dents percèrent ma chair. Instantanément, la douleur se dissipa. En fait, j'eus l'impression de me détacher de mon corps. Je ne ressentais plus rien, pas même le contact de l'air automnal sur mes joues. Je n'étais conscient que d'une seule chose : le contact de sa bouche sur ma gorge — sa bouche qui me vidait de ma substance de vie.

Et les ténèbres m'engloutirent.

— Donovan, mon garçon ! Réveille-toi !

Quelqu'un me secouait l'épaule. La voix de mon père, vibrante d'effroi, me martyrisait l'oreille. J'avais dans la bouche un goût salé et métallique. Je me séchai les lèvres d'un revers de manche, puis me forçai à ouvrir les yeux. En regardant ma main, j'y vis du sang qui luisait sous le clair de lune.

Que s'était-il passé, Seigneur... ?

Papa me souleva dans ses bras. Il était trop vieux pour un tel effort, mais il le fit quand même, et, titubant sous mon poids, il me porta vers le village en criant à l'aide. Amis et voisins accoururent. Alicia, la fille de mes rêves, qui avait de longs cheveux auburn et des yeux verts de chat, nous rejoignit. Puis vinrent ma mère et mes sœurs. Des hommes prirent le relais de mon père pour me porter. Tout le monde criait, posant mille questions sur mon compte, mais bien sûr personne ne savait ce qu'il m'était arrivé. Il n'y avait que moi qui détenais les réponses. Moi et la créature de cauchemar que j'avais rencontrée...

Une créature sortie tout droit des récits de grand-maman.

Grand-maman ! pensai-je. Elle seule saurait m'expliquer ce que je venais de vivre, et me rassurer.

Je me concentrai pour repérer sa voix parmi toutes celles qui parlaient en même temps.

En l'entendant, je fus loin, très loin d'être réconforté !

— C'est le diable qui a fait ça, marmonna-t-elle. Ce soir, c'est Halloween. Les démons sortent de leurs tanières. Il n'aurait pas dû traîner dehors, cet imbécile !

Maman lui ordonna de se taire. Mais, en ouvrant les yeux, je vis bien à son air que ces propos l'avaient mise mal à l'aise.

On m'allongea sur la table de la grande pièce, dans notre maison. Maman approcha une lampe de mon visage, et, sous l'effet de la terreur, écarquilla les yeux.

— Seigneur tout-puissant ! Il a du sang sur la bouche !

— Oui, acquiesça mon père. Qu'est-ce que ça veut dire ?

Maman se pencha vers moi pour m'examiner.

Je m'efforçai de garder les yeux ouverts, mais le sommeil... Ou bien était-ce la mort elle-même qui m'appelait, m'attirait à elle comme cet inconnu l'avait fait de ses mains si puissantes ? En tout cas, je ne pus résister aux ténèbres qui descendaient une nouvelle fois sur moi.

Ma mère écarta mes cheveux, longs et très noirs, pour dégager mon cou. Dans ses pupilles, je vis alors l'amour qu'elle me portait vaciller, se tarir devant l'effroi que l'état de ma gorge lui inspirait.

Elle saisit le linge humide que lui tendait ma sœur, me frotta le cou... Et soudain elle recula en hurlant :

— Le diable ! C'est le démon qui est en lui ! Sortez les enfants de la maison, Satan est parmi nous !

Choqué par sa fureur, j'ouvris tout grands les yeux. La haine lui déformait le visage. Je tendis la main vers elle, mais elle recula.

— Maman... C'est moi, Donovan, ton fils...

Elle secoua la tête, les yeux rivés sur ma gorge, là où la créature avait posé ses lèvres.

— Meurs, Lucifer ! cria-t-elle.

Voilà exactement ce qu'elle me dit — à moi, son fils, son aîné ! Je n'en croyais pas mes oreilles.

— Tu n'es pas mon fils, et tu n'as pas le droit d'occuper son pauvre corps. Meurs, ou je jure de te tuer moi-même !

Jusqu'à cet instant, j'avais lutté pour rester conscient. Mais ces propos insensés... C'en était trop ! Le choc me terrassa, et je sombrai dans un gouffre noir.

⁂

Quand je revins à moi, j'avais perdu la notion du temps. Ma première pensée fut que je me sentais propre. Mon corps, mes vêtements, mes cheveux — j'étais nettoyé, j'étais frais et je sentais bon la bruyère et le miel. Je ne portais plus mon habit de travail en grosse laine râpeuse, mais le costume en coton que je mettais pour les grandes occasions.

Des gens parlaient à voix basse autour de moi. Une odeur de cierges et de fleurs fraîches me titilla les narines. Quelqu'un jouait du violon dans un coin, tirant de l'instrument une mélodie triste et plaintive. J'entendis des verres tinter, comme lorsqu'on trinque, et je captai la senteur caractéristique de la bière du village. Au fond de la pièce, il y avait aussi de la nourriture, semblait-il...

Lentement, mes paupières se soulevèrent, j'ouvris les yeux... et découvris que je me trouvais dans un cercueil de bois clair — un cercueil posé sur une table dans la taverne de O'Connor. Des femmes défilaient près de moi, tête baissée, des larmes sur les joues. Les hommes se tenaient raides près du comptoir, la chope à la main. Sean Ryan se trouvait près de la fenêtre, le violon calé sous le menton. Alicia, ma promise, était assise seule sur une chaise, le regard perdu.

Le père Murphy se tenait au pied du cercueil — à mes pieds donc ! Il me tournait le dos. Ouvrant sa bible, il se racla la gorge pour attirer l'attention des villageois.

— Donovan O'Roark était un homme bon, déclara-t-il. Mais, hélas, le diable l'a fauché dans sa prime jeunesse...

Seigneur ! pensai-je avec horreur. Ils étaient en train de procéder à mes funérailles !

— Non ! criai-je de toutes mes forces. Je suis en vie ! Papa, maman !

Je me redressai dans le cercueil.

Une femme poussa un hurlement strident. Puis un silence de mort tomba sur la pièce. Le père Murphy me fit face, blanc comme un linge, et se signa.

Puis Alicia se mit debout, un doigt pointé sur moi.

— Tuez-le ! ordonna-t-elle. Tuez-le avant qu'il ne nous fasse du mal !

— Non ! protestai-je. Je ne suis pas le diable ! C'est moi, Donovan ! Ecoutez-moi...

— Sortez les femmes et les enfants, conseilla le père Murphy sur le ton d'un vieux prophète biblique.

Sean, mon meilleur ami, et plusieurs autres hommes évacuèrent les femmes et les enfants de la taverne.

Ma mère me jeta un regard attristé, puis se tourna vers mon père.

— Tu sais ce que tu dois faire, marmonna-t-elle.

Papa hocha la tête. Maman sortit précipitamment de la pièce.

J'agrippai le bord du cercueil pour me lever, pour leur montrer qu'ils se trompaient...

Alors, d'un geste brutal, presque cruel, papa me repoussa en arrière, m'obligeant à me rallonger. Jamais il ne s'était montré si agressif envers moi. Je cillai. Puis je sentis mon sang se pétrifier dans mes veines en voyant le père Murphy brandir à bout de bras un pieu de bois effilé.

— Ta femme avait raison, O'Roark, dit-il. Nous avons bien fait de parer à toute éventualité.

Il posa la pointe du pieu sur ma poitrine. Mon père — mon père adoré — lui tendit un maillet !

Dehors, les villageois hurlaient qu'il fallait me détruire, tuer le démon.

Mon père me maintint à deux mains dans le cercueil. Le père Murphy leva son maillet, prêt à frapper.

Sur le moment, je ne compris pas d'où me venait la force que je découvris soudain en moi. J'ignorais tout, alors, de mes nouveaux pouvoirs. Mais voilà que tout à coup, sans réfléchir, je repoussai mon père sans aucune difficulté, comme s'il n'était pas plus vaillant qu'un nouveau-né, et je m'éjectai du cercueil d'un mouvement puissant et souple à la fois, bondissant par-dessus la table pour atterrir sur mes pieds devant mes assassins — mon confesseur et mon géniteur !

— Papa, comment peux-tu faire une telle chose ? m'exclamai-je. Je ne mérite pas...

— Ce n'est pas ton fils, m'interrompit le père Murphy en

regardant mon père. C'est le diable qui occupe son corps. Ne l'écoute pas.

— Mais si, je suis ton fils ! Papa ! C'est moi, Donovan !

Il me fixa d'un air mauvais. Ses yeux étaient injectés de sang. Il prit le pieu et le maillet des mains du prêtre, puis se jeta sur moi. Effaré, mais ne songeant qu'à échapper à cette folie, je tournai les talons et me ruai vers la porte de la taverne.

— Attrapez-le ! cria Sean, alors que je fendais la foule comme un boulet de canon. Il ne doit pas s'enfuir !

Mais, sans la moinde peine, je repoussai tous ceux qui essayaient de me retenir. Puis je me mis à courir plus rapidement que je n'avais jamais couru. Il me semblait que je filais aussi vite que le vent. J'entendis la foule s'élancer derrière moi, puis des chiens aboyer, puis encore des sabots de cheval qui martelaient le sol...

La meute était lancée à ma poursuite... Il fallait que je me cache...

Tout à coup, alors que j'entrais dans la forêt, une main puissante m'agrippa par le col et me tira à l'écart du chemin. Je levai les yeux et reconnus la créature responsable de mon malheur. J'ouvris la bouche pour la maudire, mais elle me bâillonna d'une main, m'intimant silence tandis qu'elle m'entraînait vers les fourrés. Nous nous tapîmes sous une végétation dense. Une minute plus tard, les villageois passèrent devant nous sur le chemin, vociférant, promettant de me capturer et de m'envoyer au bûcher.

Mon ravisseur n'avait plus besoin de me tenir. J'étais ivre de désespoir. Je me laissai choir sur le sol, baissant la tête, et pleurai à chaudes larmes. Bientôt, mes poursuivants disparurent. La créature, elle, resta avec moi.

— Tuez-moi si vous voulez, dis-je au bout d'un moment. Je n'ai plus aucune raison de vivre.

— Tu te trompes, Donovan.

L'homme m'agrippa par les épaules et me força à me lever.

— Tu allais mourir. Te souviens-tu de tes vertiges, de tes évanouissements... ?

Je le regardai avec stupéfaction.
— Je t'observe depuis longtemps, précisa-t-il. Sans mon intervention, tu serais mort. Dans quelques jours, au maximum. Mais... je pense que tu ne voulais pas mourir.
Il esquissa un sourire rassurant avant d'ajouter :
— J'ai rarement vu d'homme plus amoureux de la vie que toi, mon ami.
Je fronçai les sourcils.
— Alors... pourquoi avez-vous essayé de me tuer ? balbutiai-je.
— Je ne t'ai pas tué, Donovan. Je t'ai redonné la vie. La vie éternelle. Car, désormais, tu ne mourras plus jamais. Tu ne peux plus mourir.
Ma voix s'étrangla de stupéfaction.
— Quoi ?
— Si, tu peux quand même mourir, précisa-t-il. Tu n'es pas totalement invulnérable. Mais... j'ai bu ton sang, et ensuite je t'ai donné mon propre sang. Par cet échange, qu'on appelle le Don des Elus, je t'ai apporté l'immortalité. Tu as peur, à présent. Mais... aie confiance. Je suis ton ami.
Je le regardai sans bouger — confus, éperdu, ne sachant que dire. Une chouette hulula dans le lointain.
— Je m'appelle Dante, ajouta-t-il. Je suis un vampire.
Alors que la stupeur me foudroyait, il me secoua par les épaules et me fixa droit dans les yeux.
— Toi, tu es Donovan O'Roark, reprit-il d'un ton apaisant, comme un maître s'adressant à un disciple. Et, depuis ce soir, tu es toi aussi un vampire.

2.

Comme si elle y était venue la veille, Rachel Sullivan entra dans le pub de O'Mallory d'un pas tranquille. Tous les regards convergèrent sur elle, et un silence de plomb tomba sur l'assistance. Impassible, elle marcha jusqu'au fond de la salle, décrocha un tablier et l'attacha autour de sa taille.

Après avoir reçu un sourire de Mary qui la considérait de derrière son comptoir en acajou, les bras croisés sur sa large poitrine, Rachel se tourna vers les hommes et les quelques femmes attablés là, qu'elle connaissait depuis son enfance.

— Eh bien quoi ? Je ne suis pas un fantôme ! Ne me reluquez donc pas comme ça, vous tous ! s'exclama-t-elle avec malice. Je vous avais dit que je reviendrais, non ? Me voilà !

Et, sur ce, elle se mit à remplir d'autorité au bec à pression les pintes vides de deux hommes accoudés au bar.

Les conversations reprirent, nourries évidemment par la surprise qu'elle venait de leur ménager. Tous ces villageois un peu frustes, une fois passée leur première réaction de stupeur, lui réservèrent un accueil chaleureux et enjoué. Et tandis qu'elle allait et venait entre les tables, offrant à chacun une pinte de bière rousse ou blonde, elle répondit aux nombreuses questions que les uns ou les autres lui posaient. Les femmes, surtout, voulurent savoir comment était la vie aux Etats-Unis.

Rachel soupira d'aise. La tension et la fatigue de son voyage s'évacuaient. Ici, elle se sentait chez elle, à sa place. C'était très agréable. Bien plus agréable que le travail acharné qu'elle avait dû fournir pour décrocher son diplôme universitaire. Bien plus appréciable que tout ce qu'elle avait connu depuis son départ d'Irlande !

Elle avait pourtant eu peur de revenir ; elle avait craint que les villageois ne la regardent désormais d'un œil méfiant. Car les habitants de Dunkinny n'aimaient guère les étrangers. Ils se montraient tout juste polis envers les quelques touristes qui parvenaient jusqu'à leur minuscule village. Mais ils avaient grand cœur, et ils connaissaient le sens du mot « communauté ».

Or, Rachel, qui était née et avait grandi ici, avait été prise sous l'aile protectrice de tous ces gens après le décès de ses parents. Ils avaient déploré son départ pour l'Amérique, mais ne lui en avaient pas tenu rigueur.

Sauf Marney Neal, peut-être, qui rêvait de l'épouser, se souvint-elle avant de remarquer, non sans soulagement, qu'il n'était pas dans la salle.

— Bienvenue à la maison, Rachel, déclara Mary, la patronne du pub en l'étreignant. Je t'ai gardé ta chambre là-haut, tu sais. Et je vois que tu comptes reprendre du service au bar. C'est bien.

Rachel n'eut pas le cœur de lui révéler maintenant qu'elle resterait seulement le temps d'achever sa thèse, pour boucler son doctorat.

Peut-être deviendrait-elle ensuite une éminente spécialiste en anthropologie sociale ? Peut-être enseignerait-elle dans une prestigieuse université américaine ? Elle ne savait...

Elle ferma les yeux et inspira la divine odeur du tabac à pipe de Russell Finnegan, et celle, tout aussi agréable, de la bière fraîche qui planait dans le pub. En rouvrant les yeux, elle se tourna vers la fenêtre et regarda la grand-rue du village — en fait une minuscule artère à peine assez large pour une automobile. Entre les maisons, elle distinguait les collines émeraude qui entouraient Dunkinny.

Là-bas, dans la brume, il y avait le château de Dante, songea-t-elle. Un château auquel se rattachait une mystérieuse légende qu'elle avait précisément choisie comme sujet de thèse. Car c'était pour ce château qu'elle était revenue...

Depuis son enfance, elle avait été bercée par les récits qu'on racontait sur ce lieu étrange. Et elle y croyait! En revanche, elle n'avait jamais compris la haine que les villageois vouaient aux hommes qui avaient autrefois vécu dans ce château. Elle-même pensait au contraire qu'ils étaient bons et gentils. L'un d'eux lui avait même rendu visite, par deux fois, durant son enfance : le jour où elle avait failli se noyer dans la rivière, un inconnu grand et fort, tout de noir vêtu, l'avait arrachée aux flots tumultueux, puis ranimée et réchauffée. Hélas il avait disparu avant qu'elle ait pu le remercier. Ensuite, il avait attendu qu'elle soit au comble du chagrin, le soir de l'enterrement de ses parents, pour apparaître dans sa chambre et lui assurer qu'un ange gardien veillerait désormais sur elle. A cause de l'obscurité, elle l'avait à peine vu, mais son intuition lui avait dit qu'il s'agissait de Donovan O'Roark — ou de son fantôme. En tout cas, elle était irrémédiablement tombée amoureuse de lui.

Depuis, elle n'avait cessé de l'aimer. Même par la suite, quand elle avait compris que ces souvenirs d'enfance — ces visites — n'avaient eu lieu que dans son imagination, puisque les vampires n'existaient pas, même alors elle avait gardé une place dans son cœur pour ce personnage de légende.

Et maintenant qu'elle était revenue, elle voulait se rendre au château... Ne fût-ce que pour s'assurer qu'il n'attendait pas le moment de la retrouver.

Deux semaines s'étaient écoulées depuis son retour quand Rachel fit la rencontre qui allait changer sa vie.

Un vent frais, qui annonçait l'hiver, soufflait sur la campagne, mais la porte du pub était quand même grande ouverte. Le bon feu qui crépitait dans la cheminée de Mary empêchait le froid d'envahir la salle.

Tout à coup, un silence de mort tomba sur les lieux. Tous les hommes se tournèrent vers la porte et les fenêtres, l'œil méfiant et apeuré à la fois. Etonnée, Rachel suivit la direction de leurs regards. Elle aperçut un homme, un inconnu, qui marchait sur la route enténébrée.

Il s'immobilisa. Elle le voyait nettement dans l'embrasure de la porte. Mitch Marley soupira ; Russell Finnegan grogna et tapota sa pipe contre un cendrier pour en vider le fourneau.

Une tension incroyable régnait dans la pièce. Rachel secoua la tête. C'était ridicule.

— J'avais oublié comme vous êtes superstitieux, tous autant que vous êtes ! marmonna-t-elle. Regardez-vous, à lorgner cet homme comme si c'était le fantôme de Donovan O'Roark !

Mary se signa.

— Et si c'était lui ? protesta-t-elle. Regarde ! Il est noir comme la nuit ! Il est grand et menaçant !

— Donovan O'Roark n'est qu'un personnage de légende, répliqua Rachel. Et je vais vous le prouver.

Elle s'avança sur le seuil du pub.

— Je ne sais pas où vous allez, monsieur, lança-t-elle à l'inconnu, mais si vous voulez un repas bien chaud et une bière, c'est ici que vous les trouverez !

— Le Seigneur nous protège ! grommela Mary. Que cette fille est entêtée !

— Toujours aussi imprudente, renchérit quelqu'un.

Rachel ignora ces remarques. L'homme s'était tourné et la regardait de ses yeux luisant dans la nuit sans lune, face aux fenêtres éclairées du pub.

— Entrez donc, insista-t-elle sans plus élever la voix, car elle avait la certitude instinctive qu'il l'entendait très bien. Venez vous réchauffer. Et montrez à mes amis que vous n'êtes pas le héros funeste de leur légende préférée.

Je la dévisageai sans bouger. J'étais stupéfait qu'elle m'ait adressé la parole. Ces villageois étaient d'habitude très méfiants envers les inconnus. En tout cas, ils l'étaient encore quand j'avais quitté Dunkinny près de cent ans plus tôt ! Et je ne les avais guère trouvé changés au cours de mes visites de ces dernières décennies.

Elle, en revanche, semblait différente. Mais bon... Elle avait toujours été différente.

La situation me paraissait ironique, car, pour avoir été l'un d'eux autrefois, je savais combien leur crainte superstitieuse était difficile à combattre.

Aujourd'hui, j'étais toujours méfiant. Plus que jamais. J'avais trop souvent été trahi pour faire confiance à quiconque.

Alors pourquoi, pourquoi m'arrêtai-je ? Pourquoi me tournai-je vers elle, alors que j'aurais dû m'éloigner ?

Je l'ignore. Peut-être fus-je retenu par sa voix cristalline et chantante, que j'aimais tant. J'adorais aussi son accent irlandais mélodieux, si familier et si cher à mon cœur malgré toutes les souffrances que les gens d'ici, mes parents y compris, m'avaient infligées.

Si je restai, ce fut peut-être aussi parce que j'étais sidéré de voir que la petite fille que je surveillais et protégeais depuis toujours était devenue une splendide, une magnifique jeune femme.

Sa silhouette menue se découpait dans l'embrasure de la porte, tout auréolée de ses cheveux de jais qui tombaient en cascade sur ses épaules.

Elle tendit la main vers moi.

— Venez...

Je m'approchai, et elle me saisit le poignet pour me tirer à l'intérieur du pub. J'aimais le contact de ses doigts sur ma peau, et j'aimais son odeur féminine, sensuelle. Mais je me répétai que je devais m'en méfier, qu'il ne fallait pas que je m'éprenne de cette femme, que je n'étais pas revenu ici pour cela.

Au fil des ans, j'avais peu changé. Ma peau était plus pâle, certes. Après tout, elle n'avait pas vu le soleil depuis près de deux siècles. Mais quand je me nourrissais, elle prenait un joli teint, très proche de celui des mortels.

Or, ce soir, je m'étais extrêmement bien nourri.

Aussi, quand j'entrai dans le pub, personne ne fut choqué par mon aspect. J'avais l'air d'un humain normal. La jeune femme me fit asseoir sur une chaise près de l'âtre. Je pris alors conscience que ce pub occupait l'emplacement exact de l'autre, l'ancien, celui d'antan — la taverne de O'Connor.

Le lieu de mes funérailles, où mon père avait essayé de m'assassiner d'un coup de pieu en plein cœur...

Ma gorge se contracta. Je m'efforçai de dissimuler mon trouble.

— Alors, vous voyez? défia Rachel, les mains sur les hanches, en me désignant du menton. Ce monsieur est un touriste. Pas le fantôme de notre fichue légende!

Elle me sourit.

— Quel est votre nom de famille?

— O'Roark.

La grosse femme qui se tenait derrière le bar lâcha le verre qu'elle tenait à la main.

Comme indifférente au bruit qui s'ensuivit, Rachel me regarda fixement, avec une intensité qui me mit mal à l'aise.

Mais non, me dis-je, elle ne pouvait me reconnaître, puisqu'elle n'avait jamais réellement vu mon visage avant ce soir.

Un beau sourire la rendit soudain radieuse, alors qu'elle penchait la tête de côté.

— O'Roark, que vous dites? Ne seriez-vous pas un de ces touristes américains qui sillonnent notre pays à la recherche de leurs racines européennes?

Je haussai un sourcil. La vivacité intellectuelle de cette fille me fascinait.

— Mon accent irlandais s'est-il donc estompé au point que je puisse passer pour un Américain?

— C'est vrai que vous avez une trace d'accent irlandais, acquiesça-t-elle. Mais vous n'êtes pas de Dunkinny.

— Et vous? Vous êtes originaire de ce village?

— Oui. Ma famille s'est installée dans la région il y a déjà sept ou huit générations.

— La mienne aussi, marmonnai-je.

Elle fronça les sourcils. J'admirai encore les traits finement ciselés de son visage, et sa belle bouche charnue.

— Vous voulez dire que vous êtes un descendant des O'Roark de ce village? demanda-t-elle d'une voix un peu tendue.

— Mais oui. Et c'est moi qui ai hérité du château, précisai-je d'un ton désinvolte.

Mais ma déclaration foudroya l'assistance. Un silence de plomb s'installa pendant lequel la jeune femme sembla franchement mal à l'aise.

— Vous me racontez des histoires, protesta-t-elle.

Je secouai la tête.

— Si monsieur est un descendant de nos O'Roark, il voudra sûrement connaître la légende, suggéra la grosse dame derrière le bar.

— Oui, raconte-lui la légende, Rachel ! approuva un client.

— Il la connaît déjà, je pense, répliqua-t-elle sans cesser de me dévisager.

— Non, objectai-je innocemment. De quoi s'agit-il... Rachel ? Quelle est donc cette légende qui concerne mon illustre famille ?

Elle marcha jusqu'au bar et y saisit deux pintes de bière rousse. Elle revint sur ses pas, déposa un verre devant moi sur la table, puis but une longue gorgée du breuvage ambré, avant de se passer une main sur les lèvres.

Enfin, elle s'assit en face de moi, exposée aux flammes de l'âtre qui jetaient des reflets chatoyants sur son visage et ses cheveux.

— Il y a très, très longtemps, commença-t-elle, un jeune fermier qui s'appelait Donovan O'Roark, aimé et respecté de tous, rentrait seul au village après une journée de labeur dans les champs. C'était le soir de Halloween.

Je plaquai un sourire avenant sur mes lèvres, pour cacher que je ne connaissais que trop bien cette histoire-là.

— Hélas, reprit Rachel, le pauvre Donovan ne rentra pas chez lui indemne, car un vampire l'attaqua...

— Un vampire ? répétai-je d'un ton sceptique.

— Eh oui. Le jeune homme mourut, ce soir-là, mais sa mort fut de courte durée. Le jour de son enterrement, il se releva de son cercueil ! Il n'était plus mortel, il s'était transformé en une créature semblable à celle qui l'avait assailli. Les villageois essayèrent de le tuer, mais, déjà trop puissant pour eux, il leur échappa.

Je portai la pinte à mes lèvres, feignis de boire une gorgée de bière, et la reposai sur la table.

— Je ne vois pas le rapport avec le château, objectai-je.

— Vous manquez de patience, me reprocha-t-elle gentiment.

Je pris un air contrit et la laissai poursuivre :

— On ne revit plus jamais Donovan. Pendant cent ans. Puis un jour, le seigneur du château...

Elle tendit le bras dans la direction de ma demeure.

— C'était un riche seigneur italien, un aristocrate, précisa-t-elle. Il s'appelait Dante. Quand il était au château, il y restait cloîtré la plupart du temps. Les villageois le considéraient comme un excentrique, mais le respectaient. En fait, ils ne le voyaient quasiment jamais !

— Ils ignoraient tout de lui, n'est-ce pas ? observai-je.

Elle me décocha un regard curieux, avant de reprendre son récit :

— Un jour, une jeune fille qui travaillait comme domestique au château revint en courant au village, paniquée, dans un état proche de l'hystérie. Dans le cou, elle avait deux petites blessures, comme si sa peau avait été... mordue, percée par des dents puissantes.

Je faillis prendre la défense de Dante, tant je savais que mon ami n'avait jamais fait le moindre mal à la jeune fille. Il l'adorait, il l'aimait au point de commettre l'erreur qui avait toujours été fatale aux vampires : il avait livré son secret à une mortelle.

Rachel but un peu de bière avant de préciser :

— La domestique, qui s'appelait Laura, raconta au village que Dante était un monstre qui dormait le jour dans un cercueil, et se nourrissait de sang la nuit. Il l'avait attaquée, avait essayé de la vider de son sang, mais elle avait réussi à s'enfuir.

Là, je ne pus m'empêcher de répliquer :

— Quelqu'un s'est-il posé la question de savoir comment une femme fragile et vulnérable avait pu échapper à une créature aussi puissante que ce... Dante ?

Elle me regarda en fronçant les sourcils.

— Vous voulez connaître la fin de l'histoire, oui ou non ?

Je hochai la tête.

— Laura précisa aussi que Dante ne vivait pas seul dans le château. Il avait un ami, qui n'était autre que...

— Donovan O'Roark ? conclus-je avec un sourire amusé, incrédule.

Un murmure d'approbation courut dans le pub.

— Les villageois, exhortés par la pauvre Laura, décidèrent qu'il fallait éliminer ces monstres. Juste avant l'aube, ils marchèrent sur le château armés de torches, et y mirent le feu, acheva Rachel d'un ton lugubre.

Je fermai les yeux. Les souvenirs de cette nuit terrible étaient aussi frais dans ma mémoire que s'ils dataient de la veille. Je revoyais le visage de ce pauvre Dante, ivre de chagrin d'avoir été trahi par sa bien-aimée... tandis que les flammes nous cernaient...

— Les vampires furent contraints de prendre la fuite, poursuivit Rachel. Depuis cet événement, le château est au nom de la famille O'Roark. Personne ne sait vraiment pourquoi...

Elle me toucha le bras.

— Monsieur O'Roark ? Est-ce que ça va ?

Je rouvris les yeux.

— Oui. C'est une histoire... terrifiante. Affreuse.

— Mais ce n'est qu'une légende, comme j'essaie de le faire comprendre à tous ces braves gens ! affirma-t-elle.

— Continuez, priai-je. Que sont devenues les deux victimes de l'incendie ?

— Victimes ? répéta-t-elle avec étonnement, puis elle baissa les yeux. Je n'avais jamais considéré les choses ainsi, mais... Vous avez raison...

Elle soutint de nouveau mon regard.

— On les vit s'enfuir, chacun de leur côté. Mais le jour se levait. Certains villageois prétendent les avoir vus s'enflammer. Ils les crurent morts, tués par les rayons du soleil.

Elle secoua la tête, l'air dépité.

— Peu de temps après le drame, cependant, une équipe d'ouvriers arriva au château et commença à le restaurer. Ils affirmèrent qu'un dénommé O'Roark les avait payés pour faire ces travaux. Les villageois en conclurent qu'il s'agissait de Donovan, ressuscité d'entre les morts une seconde fois. Ils prédirent qu'un jour le vampire reviendrait à Dunkinny pour venger son ami.

Pendant quelques secondes, personne ne souffla mot. La conclusion du récit de Rachel semblait encore avoir un impact très fort sur ces villageois superstitieux.

— Alors, forcément, certains, ici, vont se demander si vous n'êtes pas le même Donovan O'Roark, ajouta Rachel d'un ton plus léger, presque ironique. Dites-leur votre prénom, monsieur O'Roark, pour les rassurer.

Un sourire agréable aux lèvres, je posai de l'argent sur la table pour ma bière, puis me levai et me dirigeai vers la porte.

— Mon prénom ? répondis-je doucement. C'est Donovan.

Et, ignorant les mines terrifiées de mes interlocuteurs, je sortis du pub et disparus dans la nuit noire.

3.

Quelqu'un me suivait.

Je ralentis le pas, sondant l'espace qui m'entourait grâce à mes pouvoirs télépathiques. Il n'y avait qu'une seule personne : une femme.

Je regrettais de les avoir provoqués, au pub. C'était très imprudent de leur avoir dit mon nom. Je les avais effrayés, ces idiots... Cependant, ils le méritaient. Au fil des générations, ce village n'avait cessé d'aggraver sa dette envers moi, comme envers Dante.

Je m'arrêtai au bord du chemin tandis qu'un souvenir douloureux émergeait de ma mémoire. Quand ces fanatiques avaient mis le feu au château, nous avions été contraints de sortir. Le soleil levant avait commencé de nous brûler, je revoyais encore mes vêtements se couvrir de flammèches douloureuses...

Puis j'avais eu la chance qui avait fait défaut à Dante : j'avais eu le temps d'atteindre la rivière où j'avais plongé pour échapper aux rayons du soleil. Quant à Dante, je ne l'avais plus jamais revu, et avais dû en déduire qu'il avait péri ce jour-là.

Relevant la tête, je humai l'odeur agréable de la bruyère autour de moi. Puis je cillai en me rendant compte que ma poursuivante s'était arrêtée, elle aussi. Elle se tenait derrière un arbre, à quelques mètres de moi, m'observant.

Ainsi donc, elle se croyait protégée par les ténèbres ! me dis-je, amusé par tant de naïveté, avant de me remettre à marcher pour voir jusqu'où elle aurait le courage de me talonner.

Une fois le château détruit, j'avais quitté la région et j'avais longuement voyagé à travers le monde, vivant quelques semaines ou quelques mois dans un lieu avant de déménager. Je m'étais fait des amis — parmi les vampires uniquement. Roland, Eric, Rhiannon, et d'autres qui m'avaient aidé à garder le goût de l'existence. Mais, dans l'ensemble, j'avais vécu en solitaire, suivant le conseil de Dante qui m'avait exhorté mille fois à me méfier des belles mortelles, comme s'il avait su lui-même qu'il finirait par succomber à la tentation.

La route prit un virage serré et commença à monter la pente raide de la colline, en direction du château. Je pressai le pas.

Elle me suivit sans se laisser distancer.

Tant que nous avions été prudents, Dante et moi, nous avions vécu en sécurité, et en paix. Seuls, certes, mais tranquilles, sans pour autant nous ennuyer, car, immortels, nous avions tout le temps du monde pour lire, écrire, savourer les meilleures œuvres des différents arts, philosopher...

Hélas Dante était tombé amoureux, et tout avait basculé ! Il avait dit la vérité à notre sujet à sa domestique, et cette bécasse s'était empressée d'aller nous dénoncer au village.

Dante avait raison, me répétai-je tandis que j'arrivais en vue du château. Il ne fallait jamais faire confiance aux mortels. Ils étaient trop stupides et trop peureux pour tolérer l'existence des vampires.

Comme j'atteignais le sommet de la colline, le vent marin me fouetta soudain le visage.

Oh, que j'aimais cette caresse vigoureuse ! songeai-je. Oh, que j'aimais mon vent, mon océan — si familiers et si appréciables malgré les nuages d'amertume que j'avais accumulés en ces lieux.

Je m'assis sur un rocher au bord de la route, face à la mer, pour admirer le paysage. Sur ma droite se dressait le château — reconstruit et restauré aux deux tiers. Je n'espérais plus y revoir Dante, mais j'avais voulu faire renaître sa demeure en son honneur...

Et j'étais de retour ici, une fois de plus, le cœur serré par un mélange de tristesse et d'espoir : la tristesse pour mon meilleur ami, l'espoir pour la jeune femme que je protégeais depuis son enfance.

Rachel n'avait pas renoncé à me suivre. Comme j'étais à l'écart de la route, elle ne me voyait plus. Moi, je sentais parfaitement sa présence. Je savais qu'elle plissait les yeux, tentant de me repérer. Je percevais aussi son odeur, si différente de l'odeur habituelle des mortels.

Dante m'avait expliqué ce que signifiait cette fragrance spéciale qui émanait d'elle. Notamment, elle impliquait que je n'avais pas le droit de faire le moindre mal à la jeune femme. Pourquoi ? Je l'ignorais. Mais voilà : l'aurais-je voulu que je n'aurais pu lui faire le moindre mal.

Elle se rapprocha encore. Sa jupe longue battue par le vent claquait autour de ses jambes. Son pull épousait ses formes généreuses. Elle s'immobilisa.

— Vous cherchez quelqu'un ? demandai-je en me redressant.

Elle fit volte-face en poussant un cri de surprise.

— Seigneur ! Vous m'avez fichu une de ces trouilles !

Je souris. J'adorais sa voix à la fois suave et vigoureuse.

— Je pensais que vous n'aviez jamais peur de rien, m'étonnai-je.

— J'ai seulement dit que je n'étais pas superstitieuse, rectifia-t-elle. En tout cas, ce n'est pas un touriste qui prétend se faire passer pour le fantôme de Donovan O'Roark qui va m'effrayer !

— Que racontez-vous là ?

— Vous prétendez vous appeler Donovan O'Roark, non ?

— C'est la vérité, affirmai-je.

Elle plissa les yeux. Ses iris verts avaient quelque chose d'ensorcelant.

— Prouvez-le, marmonna-t-elle.

Je tendis la main, effleurai la base de son cou.

— Je pourrais...

Elle me lança un regard plein de défi, et sourit.

— Me mordre le cou, c'est ça ?

— Si je le faisais, iriez-vous chercher les villageois pour leur demander de m'assassiner ?

Elle rejeta la tête en arrière et éclata de rire. Je ne pus m'empêcher de contempler sa gorge, sa peau si douce, si attirante...

— Mordez-moi, et je vous mordrai doublement, promit-elle d'un ton ferme. N'oubliez jamais ça, Donovan.

Je ne sus que répondre. Cette jeune femme me coupait le souffle. Avec elle, j'avais même peine à mettre de l'ordre dans mes idées.

— Je pensais plutôt à une preuve... administrative, reprit-elle. Une pièce d'identité, par exemple.

Je sortis mon portefeuille de ma poche, en tirai mon permis de conduire et le lui présentai.

— Tenez...

Au frôlement de nos doigts, je frissonnai des pieds à la tête.

— O.K. Vous vous appelez Donovan O'Roark, marmonna-t-elle après avoir étudié le document. Alors vous êtes réellement un descendant de l'autre Donovan...

Elle se mordilla la lèvre, avant de demander d'un ton faussement détaché :

— C'est la première fois que vous venez à Dunkinny ?

Je pris le temps de ranger mon portefeuille, pour mieux éluder la question.

— Pourquoi m'avez-vous suivi, Rachel ? Vous vous prénommez Rachel, n'est-ce pas ?

— En effet. Je suis Rachel Sullivan. Moi aussi, j'ai quelques ancêtres qui ont joué un rôle dans ce village, autrefois.

Je me raidis à l'évocation de ces ancêtres-là — que j'avais hélas bien connues...

— Les femmes de la famille Sullivan sont des femmes de tête, ajouta-t-elle avec malice. Autant que vous soyez prévenu. C'est une de mes aïeules qui a accusé le seigneur Dante d'être un vampire, il y a quatre générations.

Elle disait vrai. La traîtresse s'appelait Laura Sullivan.

— Et on raconte aussi que c'était une Sullivan qui était fiancée à Donovan O'Roark, il y a deux siècles. Il paraît qu'elle s'est retournée contre lui quand il s'est relevé dans son cercueil.

— Oui, acquiesçai-je d'une voix rauque. Alicia...

— Alicia? C'est son prénom? Vous êtes sûr?

Je hochai la tête, avant de contre-attaquer :

— Quelles sont vos intentions, Rachel? Vous comptez poursuivre l'œuvre de vos ancêtres? Vous aussi, vous allez essayer de me détruire?

Elle commença à rire, puis son visage s'assombrit.

— Vous êtes un homme curieux, Donovan, observa-t-elle en me prenant le bras et en m'entraînant en direction du château. Pourquoi parlez-vous ainsi? Vous savez aussi bien que moi que toutes ces histoires n'ont aucun rapport avec la réalité. En revanche, vous semblez connaître certains détails sur l'histoire de O'Roark. Accepteriez-vous de m'aider?

— De vous aider? répliquai-je. A quoi donc?

Elle avait piqué ma curiosité. En même temps, ses paroles me faisaient peur, tant je pressentais qu'il ne pouvait s'agir d'une simple coïncidence.

Etait-ce le destin des femmes Sullivan de chercher à me nuire? me demandai-je avec anxiété.

Je secouai la tête aussitôt, consterné à l'idée que je me mettais à penser de façon aussi superstitieuse et imbécile que les villageois!

Elle me sourit. Ses yeux étaient pleins d'innocence et de malice — comme autrefois, quand elle était enfant.

— Je voudrais connaître tous vos secrets, Donovan. Et ceux du château de Dante. Parce que mon sujet de thèse concerne la légende qui est rattachée à cet endroit.

J'eus l'impression que mon cœur stoppait net dans ma poitrine.

— Si je vous disais... tous mes secrets, objectai-je d'un ton lourd de menace, je serais hélas obligé de vous tuer.

Contre toute attente, elle pouffa et se serra contre moi.

— J'adore votre sens de l'humour. Je crois que nous allons bien nous entendre, Donovan.

Le contact de son corps chaud contre le mien me faisait un bien fou. J'avais envie de cette proximité, de cette intimité qu'elle semblait prête à m'offrir. Peut-être avais-je été solitaire trop longtemps...

Non. Je refoulai ces pensées dangereuses. Cette femme était vouée à me détruire. Je n'avais aucun doute là-dessus. Je ne devais pas lui faire confiance.

Alors que je la toisais en prenant un air dur, elle me décocha son sourire le plus adorable et me demanda si elle pouvait m'accompagner jusqu'au château.

Comment résister ? pensai-je, fermement résolu à la laisser devant la porte, tandis que la voix de Dante, se confondant avec celle de ma conscience, me mettait en garde : « Ne fais pas ça, Donovan ! Renvoie cette fille chez elle. C'est une Sullivan, bon sang ! Gare à toi ! »

Nous arrivâmes bientôt devant l'entrée de ma demeure : deux battants massifs de bois sombre, renforcés par une solide armature en acier — infranchissables pour qui ne connaissait le secret de leur ouverture.

— Depuis ma plus tendre enfance, murmura soudain Rachel, je rêve d'entrer dans ce château. Pendant des années, j'ai été si impressionnée par les histoires qu'on racontait à son sujet, au village, que j'avais peur de m'en approcher.

— Et maintenant, vous craignez toujours cet endroit ?

— Non, répondit-elle en pouffant. En grandissant, j'ai... Comment dire... ? J'ai estimé que l'homme qui avait vécu ici ne pouvait être le monstre qu'on prétendait. Alors, pendant mon adolescence, je suis souvent venue me promener par ici.

— Vous êtes entrée à l'intérieur ? m'enquis-je, alarmé.

— Non. D'une part, je ne vois pas comment j'aurais forcé cette porte. Et puis... Ne riez pas, mais...

Elle baissa les yeux.

— J'ai toujours considéré ce château comme un endroit un peu... sacré. D'autant que c'était ma propre famille qui était responsable de sa destruction. Si j'étais entrée ici, j'aurais eu le sentiment de commettre un sacrilège.

— Et aujourd'hui ?

Elle soutint mon regard.

— Parfois, je me demande si j'aurai un jour le pouvoir de compenser les erreurs de mes ancêtres. C'est un peu pour cela, je pense, que dans ma thèse je cherche à faire le tri entre la légende et les faits historiques réels qui ont pu se produire ici.

Elle sourit timidement.

— Je suis différente des autres Sullivan, vous savez. Et des villageois, aussi.

— Oui, acquiesçai-je.

— Ils ne cessent de se raconter cette légende, et ils tremblent de trouille rien qu'en évoquant la prétendue créature qui aurait vécu ici jadis. Mais pas moi. La première fois que j'ai entendu cette histoire, je n'avais pas trois ans. Vous savez comment j'ai réagi ? J'ai pleuré pendant des heures. Pour moi, ce n'était pas une histoire horrifiante, mais une tragédie. Un homme avait été presque assassiné par sa propre famille. Un autre avait été tué parce qu'il avait osé aimer une jeune femme...

Elle soutint mon regard et sourit de nouveau. Elle était belle à ravir.

— Quand j'étais petite, j'étais persuadée que votre ancêtre, Donovan O'Roark, était... un ami. Mon ange gardien, en quelque sorte.

— Et maintenant ?

— Maintenant je suis une adulte qui ne croit plus aux contes de fées. Mais je trouve assez providentiel que vous soyez ici, parmi nous. Au moment où je reviens des Etats-Unis pour entamer mes recherches de thèse, au moment où je réfléchis au meilleur moyen d'enquêter sur la fameuse légende, c'est-à-dire sur le château de Dante et sur l'ancien Donovan O'Roark, je vous rencontre ! C'est bon signe, non ?

Elle m'enchantait, elle me fascinait. Par sa beauté, certes, mais surtout par son intelligence et par son enthousiasme. J'adorais aussi son indépendance d'esprit, son côté quelque peu « rebelle ».

Je savais depuis longtemps qu'elle avait la Belladone — l'antigène sanguin des Elus, qui permet aux rares mortels qui en sont dotés de devenir vampires. Cela jouait évidemment dans l'attirance que j'éprouvais pour elle. C'était à cause de la Belladone que je veillais sur Rachel, que je la protégeais depuis toujours. Dante m'avait tout appris là-dessus, et m'avait mis en garde contre le pouvoir de séduction qu'exercent sur nous les mortels qui possèdent l'antigène.

Je savais tout cela ; j'avais conscience du danger. Mais ça ne suffisait pas à l'éloigner de moi. Je l'avais protégée pendant son enfance, je l'avais vue, de loin en loin, se transformer en une belle jeune femme. Comment aurais-je pu lui tourner le dos ?

Elle leva vers moi ses splendides yeux verts.

— Me permettez-vous d'entrer, Donovan ? Acceptez-vous d'assouvir mon rêve d'enfant en me montrant votre château ?

Je cessai de penser. Mon émotion était trop forte. Cette jeune femme m'envoûtait.

Et alors qu'elle ne devait pas entrer chez moi, et que j'avais toutes les raisons de me méfier d'elle, je lui ouvris ma porte.

4.

Cet homme avait quelque chose d'extraordinaire. Il n'était pas humain au sens habituel du terme, se disait Rachel, avant de se demander si son imagination ne lui jouait pas des tours. D'accord, il avait le teint pâlot, il possédait aussi une grâce féline peu courante chez un homme... Mais bon, cela ne signifiait rien. Il n'était ni l'ange gardien de ses rêves d'enfant, ni son sauveur. Encore moins un vampire !

Dès qu'il eut ouvert le portail et qu'elle eut franchi le seuil, elle s'immobilisa. Elle se trouvait dans le noir le plus complet.

— Je ne vois rien, dit-elle, mal à l'aise.

La porte se referma derrière son dos avec un grincement peu encourageant.

— Restez ici, ordonna-t-il.

— Comme si j'avais le choix, marmonna-t-elle.

Elle l'entendit s'éloigner. Une allumette craqua, et une petite flamme lui révéla la silhouette de Donovan, trois ou quatre mètres devant elle. En quelques secondes, il alluma les bougies d'un candélabre à cinq branches. Puis, le chandelier à la main, il se déplaça à travers la pièce et en alluma plusieurs autres. Peu à peu, un gigantesque salon, au plafond voûté, aussi haut que celui d'une cathédrale, se révéla à Rachel.

Il revint vers elle, lui prit la main et l'invita à le suivre.

Comme son anxiété se muait en curiosité, elle désigna les lustres en cristal suspendus au plafond.

— Ces lampes fonctionnent au gaz, indiqua Donovan. Il y a un réseau d'alimentation dans tout le château. Mais je n'ai pas encore ouvert la valve principale.

— Je donnerais cher pour voir ce salon en plein jour, murmura-t-elle. Quand la lumière entre par les fenêtres...

Elle se tut en sentant Donovan se raidir à côté d'elle. Peut-être n'appréciait-il pas ses commentaires.

De part et d'autre du salon se faisaient face deux splendides cheminées en pierre de taille sculptée. Des bûches y étaient disposées, attendant d'être enflammées. Au-dessus des linteaux étaient fixées des tapisseries anciennes qui représentaient des scènes pastorales.

Donovan l'entraîna devant l'une d'elles.

— Ce sont des œuvres qui datent de la Renaissance, précisa-t-il. Enfin... C'est ce que disait Dante.

Elle fronça les sourcils.

— Dante ? Comment savez-vous qu'il disait ça ?

— C'est ce qu'on raconte, marmonna-t-il d'un ton évasif avant de montrer de l'index le mur à gauche de la cheminée. Ces épées, ici, sont d'époque médiévale. Mais elles viennent d'Irlande, tandis que les tapisseries sont italiennes.

— Ce Dante devait être un fameux collectionneur, souligna-t-elle, non sans l'observer pour guetter sa réaction.

Mais il se contenta de hocher la tête. Puis il continua de lui faire visiter le salon, lui montrant une à une les antiquités qu'il contenait : commodes et guéridons, secrétaires, armures et armes de guerre de toutes époques, fauteuils tendus de velours ou de brocart, canapés — face aux cheminées — garnis de coussins moelleux...

Plusieurs passages voûtés obscurs s'ouvraient dans les murs et semblaient s'enfoncer dans les entrailles du château. Il y avait aussi une cage d'escalier en pierre, dans un angle, dont les marches disparaissaient dans les ténèbres du plafond.

N'osant demander à s'aventurer plus loin, Rachel prit place dans un canapé face à l'une des cheminées. Donovan s'agenouilla devant l'âtre. Une seconde plus tard, les bûches s'embrasaient.

Soudain perplexe, Rachel fronça les sourcils. Elle ne l'avait même pas entendu craquer d'allumette !

Bah ! Elle se faisait encore des idées, se dit-elle tandis que la douce chaleur du feu l'enveloppait, la réconfortant agréablement.

— Je vous offrirais bien quelque chose à boire, dit Donovan en prenant place à côté d'elle, mais...

— Je sais. Vous arrivez à peine. Vous n'avez pas eu le temps de remplir vos placards.

Elle esquissa un sourire avenant.

— Cela ne va pas être facile d'habiter seul dans un endroit pareil, je pense.

— Vous avez raison. Mais j'ai envie de revenir ici, parce que ce château... Son histoire m'intéresse.

— Revenir ? Alors vous avez déjà séjourné ici ?

Il détourna les yeux.

— Oui. Il y a longtemps.

— Dans votre enfance ?

— Quelque chose comme ça.

Elle jugea préférable de ne pas le harceler de questions, mais elle trouvait ses réponses peu convaincantes. Il biaisait. Il cachait quelque chose.

« En tout cas, cet homme n'est pas celui qui m'a sauvée de la rivière en crue, raisonna-t-elle. Impossible. C'était il y a vingt ans. Il en a... vingt-cinq, trente au maximum. »

— Vous ne me faites visiter que ce salon, Donovan ? s'enquit-elle.

— Pour le moment, oui. Ce ne serait pas prudent de vous montrer le reste du château... tant que la lumière n'est pas rétablie.

Elle fixa quelques instants les flammes. Quand elle tourna de nouveau la tête vers lui, elle s'aperçut qu'il la couvait d'un regard... intense, ardent, terriblement troublant.

Elle sentit sa gorge se nouer.

— Peut-être vaut-il mieux que je m'en aille. Nous continuerons la visite... quand vous aurez fini de vous installer.

— Oui. C'est mieux.

Elle se leva, et il l'imita.

— Je... J'aimerais revenir, cependant, reprit-elle d'un ton hésitant. Pour que nous parlions de la légende de Donovan O'Roark.

— Je ne sais pas grand-chose. Vous serez déçue.

Elle força un sourire.

— Mon petit doigt me dit que vous en savez plus que vous ne voulez bien l'admettre.

— Non, répliqua-t-il simplement.

Elle se dirigea vers la porte. Il lui emboîta le pas. A l'instant où il ouvrait le battant, un terrible éclair d'orage fendit le ciel nocturne. Aussitôt, le tonnerre fracassa le silence qui régnait autour d'eux.

« Mince », pesta-t-elle intérieurement en voyant la pluie se mettre à tomber. Le temps avait brusquement changé. En venant ici, elle ne s'était pas rendu compte que les nuages envahissaient le ciel. Et elle n'était pas du tout équipée pour marcher dans une telle tempête. Elle n'avait qu'un chemisier et un pull léger sur les épaules !

Donovan, immobile, fixait le rideau de pluie avec une moue maussade. Comme il ne lui proposait pas de rester, elle s'arma de courage et franchit le seuil du château, prête à affronter l'averse. Ce fut alors que Donovan lui agrippa doucement les épaules. Elle se retint de soupirer de soulagement.

— Vous n'allez pas retourner au village par ce temps, marmonna-t-il d'un ton peu amène.

— Mais si. Je ne suis pas en sucre, Donovan. Ce n'est pas un peu d'eau qui va me faire fondre.

Il l'attira dans le salon et referma la porte sur eux. Puis il tendit la main et recueillit sur ses doigts les quelques gouttes de pluie qui lui étaient tombées sur le visage.

— Vous ne fondrez pas, mais vous serez trempée jusqu'aux os et vous tomberez malade. Ou bien vous pourriez être foudroyée sur le chemin. Je ne peux pas vous laisser partir.

— Vous le dites bien à contrecœur, observa-t-elle.

Au lieu de nier, il acquiesça sans hésitation, et, loin de s'en offusquer, Rachel apprécia cette franchise sans détour.

— Je tiens à préserver mon intimité, expliqua-t-il. Et je vous conseille de ne jamais l'oublier.

— Oh, c'est juste ça...

— Que voulez-vous dire ?

— Je... Je pensais que ma présence ici vous dérangeait pour une autre raison, peut-être. Mais peu importe.

Elle le taquinait, mais à moitié seulement. Et elle sentit qu'il comprenait très bien ce qu'elle voulait dire.

Cet homme la troublait. Elle était attirée par lui d'une façon si soudaine, et si inexplicable que... que... c'était comme si on lui avait jeté un sort, pour qu'elle succombe à son charme.

Mais lui aussi paraissait séduit par elle, non ?

Elle ferma les yeux, essayant de se remettre les idées en place.

— Je dois être fatiguée.

— Je vous conduis à votre chambre ?

— D'accord.

Il saisit un chandelier sur une commode.

— Restez bien à côté de moi, Rachel. Le château est si grand et si complexe dans son architecture que vous pourriez facilement vous perdre si nous étions séparés. En outre, il y a une aile qui n'est pas rénovée et qui présente de nombreux dangers.

Elle promit de marcher juste à côté de lui. Ils quittèrent le salon par l'un des passages voûtés, longeant un couloir obscur. Puis un autre. Et un autre encore. Plusieurs fois, ils obliquèrent à droite ou à gauche, montèrent des escaliers et en descendirent, semblant aller et venir en tous sens dans le château.

Tant et si bien que Rachel se rendit compte qu'elle était incapable de situer le salon — et qu'elle finit par se demander si Donovan ne faisait pas exprès de la balader ainsi, pour qu'elle n'ait aucun repère...

Non, se dit-elle, il n'avait pas de raison de faire cela. Quant à elle, elle ne devait pas avoir peur de lui. Du moins, devait-elle essayer de ne pas le craindre.

Ils continuèrent d'arpenter des couloirs enténébrés pendant cinq bonnes minutes.

— Donovan ?

Il s'immobilisa et lui jeta un regard interrogateur.

— Comment ferai-je pour regagner le salon ? demanda-t-elle d'une voix qu'elle espérait désinvolte.

— Vous n'aurez aucun mal à quitter le château, assura-t-il. La chambre que je vous donne se trouve à côté d'une porte qui donne sur l'arrière de la propriété. Ainsi, vous pourrez partir dès demain matin, sans mon aide.

— Pourquoi ? Je veux dire... Pourquoi devrais-je me passer de votre aide ?

— Je... Je ne serai pas ici demain matin. J'ai des obligations, hélas... à l'aube. Quand vous vous réveillerez, je serai déjà parti.

Elle le considéra avec perplexité.

— Ah oui ?

— Rachel, promettez-moi que vous ferez ce que je vous demande, insista-t-il. Rentrez au village dès demain matin. Ne furetez pas dans les couloirs, n'explorez pas le château. Comme je vous l'ai dit, ce serait très dangereux pour vous.

Elle fit la moue.

— Il y a donc des choses que vous ne voulez pas que je voie dans ce château ? répliqua-t-elle avec défiance.

— Votre imagination est aussi prolifique que celle des villageois, me semble-t-il.

Elle sourit gentiment.

— Plus encore, renchérit-elle. Si vous saviez à quoi je viens de penser...

Elle se tut, souriant de plus belle.

— A quoi avez-vous pensé ?

— Eh bien, je me disais que vous vous dérobiez parce que vous ne supportez pas la lumière du jour, et que vous ne voulez pas que je furète dans le château parce que vous n'avez pas envie que je découvre le cercueil dans lequel vous dormez.

Elle éclata de rire.

— Oui, reprit-elle, je suis d'accord avec vous. Je me

laisse emporter par mon imagination. Sans doute ai-je trop souvent entendu la légende de Donovan O'Roark et de Dante pendant mon enfance.

Mais Donovan la regardait si fixement qu'elle cessa soudain de rire.

— Je... Je vous ai vexé, n'est-ce pas ? balbutia-t-elle en levant une main pour lui toucher le visage. Je vous demande pardon. Bien sûr, je ne pense pas réellement que vous soyez un vampire, Donovan. Vous êtes juste... un homme. Un homme très, très séduisant.

Elle baissa les yeux, étonnée d'avoir avoué son penchant.

— J'espère que vous ne me trouvez pas trop... entreprenante, ajouta-t-elle, sincèrement confuse. Mais je ne peux vous cacher que je... j'aimerais vous revoir. Pas à cause de la légende, mais simplement... pour vous.

Comme il ne réagissait pas, elle laissa retomber sa main et soupira doucement.

— Seigneur ! Dites quelque chose, Donovan ! Je suis en train de me ridiculiser, là, et...

— Non, l'interrompit-il, et il tendit la main à son tour pour lui caresser les cheveux. Je ne savais pas quoi dire parce que j'étais touché. Et... j'avoue que, depuis tout à l'heure, je lutte contre moi-même pour ne rien ressentir envers vous.

Elle rougit.

— Oh..., fit-elle. Et pourquoi lutter contre vos émotions ?

— Parce que... Il ne peut rien arriver de bon entre nous.

Rachel sentit son cœur se serrer de dépit.

— Vous êtes marié, c'est ça ?

— Non. bien sûr que non. C'est juste que...

Il secoua la tête.

— Faites-moi confiance, Rachel, ajouta-t-il. Entre nous, il n'y a rien de possible. De toute façon, je ne resterai pas ici dans la région.

Il soupira et désigna une porte devant eux.

— N'en parlons plus. Nous sommes arrivés à votre chambre.

Il ouvrit la porte. Rachel le suivit. Elle écarquilla les yeux en découvrant la superbe chambre, où trônait un merveilleux lit à baldaquin.

— C'est magnifique, murmura-t-elle.

— Cette chambre a été entièrement refaite. C'est la pièce que Dante avait choisie pour Laura Sullivan, sa bien-aimée.

— Mon... Mon ancêtre a dormi ici ? s'étonna-t-elle.

— Non. Elle l'a trahi avant cela.

Donovan baissa les yeux.

Rachel s'approcha — poussée vers lui par une force qu'elle comprenait mal. Elle avait l'impression de déjà bien le connaître, cet homme, de l'avoir même toujours connu. Et le simple fait de se trouver en sa présence la libérait de ses inhibitions.

— Donovan, murmura-t-elle, j'aimerais que vous me donniez un baiser pour me souhaiter bonne nuit.

Les lèvres de son interlocuteur esquissèrent un sourire à la fois langoureux et gêné.

— C'est une provocation ? contra-t-il. Pourquoi ne me le donnez-vous pas vous-même, ce baiser ?

— Parce que j'aimerais qu'il vienne de vous. Je n'aime pas l'idée que vous luttiez contre vos émotions, que vous vous efforciez de me... détester. Et, en m'embrassant, vous me prouveriez que vous ne me tenez pas rigueur d'appartenir à la famille qui a paraît-il causé tant de malheurs aux anciens habitants de ce château.

Il secoua lentement la tête.

— Vous n'en avez pas le courage ? insista-t-elle d'un ton malicieux.

Donovan la regarda fixement, et elle sut qu'il céderait à la tentation. Il posa le chandelier sur la table de nuit et s'avança vers elle, une lueur de détermination mêlée de désir dans ses yeux brillants...

5.

Incapable de résister à l'attrait qu'elle exerçait sur moi, je glissai un bras autour de sa taille. Mes lèvres effleurèrent les siennes, sans aller jusqu'au baiser. Je voulais la titiller. Je crois aussi qu'une partie de moi-même voulait l'effrayer. Et puis, j'étais également animé par la soif particulière, surnaturelle, qui définissait le vampire que j'étais depuis si longtemps. J'aurais pu me pencher vers son cou, boire son liquide de vie et faire en sorte, par la simple force de ma volonté, qu'elle ne garde de cette étreinte qu'un souvenir agréable. Mais je me l'interdis. Il n'était pas question que j'abuse d'elle.

Je me contentai d'embrasser doucement sa bouche, ses joues, son front, savourant le contact de sa peau chaude. Elle se blottit contre moi. Elle m'enlaça à son tour. Je songeai qu'il fallait arrêter, en rester là sous peine de commettre l'irréparable.

Mais tout à coup, comme si elle connaissait ma nature profonde, elle rejeta la tête en arrière, me donnant accès à sa gorge. Frissonnante, elle se livra sans retenue à ma bouche qui trouva seule son chemin jusqu'à la jugulaire où coulait une rivière de sang dont l'odeur enivrante bouleversa mes sens. J'eus soudain le vertige. Mes lèvres s'entrouvrirent, je goûtai sa peau salée sous la pointe de ma langue. Son pouls s'accéléra. Je mordillai sa chair entre mes dents...

Elle gémit et me serra fort entre ses bras, plaquant son bas-ventre contre ma virilité. Je glissai une main au creux de ses reins, m'inclinai davantage sur son cou. Je titillai sa chair avec mes incisives. Je mourais d'envie de la prendre. Et je sentais qu'elle le voulait aussi, qu'elle était prête à m'offrir son nectar ! Elle poussa un râle d'extase, et...

Je me ressaisis brusquement, revenant à la réalité et mesurant en une fraction de seconde l'erreur que j'avais été sur le point de commettre.

J'eus grand-peine à m'arracher à ses bras, et à la lâcher. Nous étions tous deux tellement excités ! Mais il le fallait. Sur un grognement de détermination, je m'écartai d'elle.

Elle me considéra d'un air éperdu, les yeux encore embrumés de désir, titubant sur ses jambes. Je savais que, pour une mortelle, une étreinte avec un vampire est une expérience inoubliable. Mais il y avait autre chose — quelque chose que je sentais moi aussi. Ce qui venait de se passer entre nous dépassait la simple attirance physique. Nous avions... partagé des émotions intenses. Je n'aurais su dire, alors, de quoi il s'agissait. Mais j'étais conscient d'avoir ouvert une porte... dangereuse.

Tandis que je m'efforçai de me calmer, je la vis qui s'appliquait à reprendre ses esprits.

— Jamais on ne m'avait embrassée comme ça, murmura-t-elle.

Elle porta une main fébrile à son cou, là où j'avais mordillé sa peau.

— Je regrette ce qui vient de se passer, marmonnai-je.

— Pas moi, objecta-t-elle, l'air blessé.

Elle me dévisagea en silence, et j'éprouvai de nouveau le désir fou de l'enlacer. Je baissai les yeux.

— Allez dormir, maintenant, murmurai-je.

J'ordonnai à son cerveau — grâce à mes pouvoirs télépathiques — d'oublier notre étreinte. C'était préférable.

— Oh, je ne sais pas si je vais réussir à trouver le sommeil, Donovan, répondit-elle avec une pointe de malice dans la voix. Et puis, j'ai adoré notre baiser, vous savez. Je n'ai aucune envie de l'oublier.

Je tressaillis, stupéfait. C'était incroyable. Rachel était insensible à mon pouvoir surnaturel. Je n'arrivais pas à contrôler son esprit ! Comment était-ce possible ?

Elle désigna le chandelier.

— Vous n'avez pas besoin de ça? Le château est sombre...

— Non, l'interrompis-je, encore confus, essayant de comprendre pourquoi elle avait la capacité de résister à mes ordres mentaux. Je vois parfaitement dans le noir.

Je me mordis la lèvre, regrettant ce lapsus stupide.

— Ah oui? fit-elle, l'air méfiant. Vous voyez dans le noir? Eh bien... tant mieux pour vous. Bonne nuit.

Je reculai vers le couloir, et elle referma la porte sur moi.

Je restai là un moment, sans bouger, complètement désorienté. Jamais je n'avais éprouvé une telle attirance pour quiconque — mortel ou vampire. Et jamais personne, depuis deux cents ans, n'avait pu lutter contre mes pouvoirs surnaturels.

Ce qui venait de se passer entre nous me prouvait deux choses. D'abord, Rachel était une femme exceptionnelle. Ensuite... notre relation était au premier plan de ses préoccupations, de ses désirs — voilà pourquoi elle refusait d'oublier notre baiser.

Hélas, pour mon malheur, elle allait passer la nuit ici, sous mon toit!

Seigneur, pensai-je avec effroi, qu'arriverait-il si elle découvrait la vérité à mon sujet?

Rachel lâcha la clenche et s'adossa au battant, les yeux clos. Elle tremblait tellement qu'elle tenait à peine sur ses jambes. Heureusement, elle avait réussi à cacher son émoi derrière un sourire et une attitude enjouée, presque désinvolte, en jouant la fille qui avait l'habitude de ce genre de scène.

Au demeurant, le baiser qu'il lui avait donné..., la façon dont sa bouche l'avait caressée..., le contact de ses lèvres sur son cou, et...

Ses dents!

Elle se redressa subitement, avec un frisson d'effroi, et porta une main à son cou, là où il l'avait... mordu?

Elle avait un poudrier dans la poche de sa jupe. Elle le prit, l'ouvrit et l'approcha de son visage. Dans le petit miroir rond, elle aperçut deux traces rouges sur sa peau. Comme des marques de poinçon. Elles ne saignaient pas. En fait, elles ressemblaient à des suçons.

Soulagée, elle referma le poudrier. Pendant un instant, elle avait commencé à s'imaginer que Donovan l'avait mordue comme un...

Elle secoua la tête. C'était absurde.

Elle s'approcha du lit, couvert d'un splendide plaid de soie ivoire qu'elle tira. Elle découvrit que les draps étaient eux en satin, couleur crème.

Son cœur se remit à battre la chamade, tant ce lit luxueux lui donnait des idées de volupté, de nuits amoureuses.

Heureusement que Donovan était sorti de la chambre, pensa-t-elle en se déshabillant.

Nue, elle se glissa entre les draps. Le satin frais couvrait de caresses sensuelles sa peau encore brûlante du désir que Donovan avait éveillé en elle. Fermant les yeux, elle s'abandonna au plaisir que ce lit lui apportait. Puis elle s'endormit, et fit d'incroyables rêves charnels.

Elle fut réveillée par la lumière du jour qui, filtrant entre les rideaux, lui baignait le visage. Dès qu'elle ouvrit les yeux, sa première pensée fut pour Donovan. Sa curiosité pour cet homme était plus forte que jamais.

Elle se leva et s'étira. Comme elle enfilait ses vêtements, elle se remémora les avertissements de son hôte. Il lui avait déconseillé d'explorer le château — aussi bien pour sa sécurité à elle que parce qu'il tenait à préserver son intimité.

Elle ne devait surtout pas le contrarier. Il avait eu la gentillesse de l'héberger alors que cela, de toute évidence, le contrariait, lui faisait même peur, semblait-il !

Rachel fronça les sourcils. Mais de quoi avait-il peur, au juste ?

Elle se coiffa les cheveux avec les mains. Puis, constatant qu'il n'y avait aucun miroir dans la chambre, vérifia dans la glace de son poudrier qu'elle était à peu près présentable.

Pourquoi n'y avait-il pas le moindre miroir dans cette pièce? se demanda-t-elle soudain.

Elle refoula cette question dérangeante, examina son reflet et fit une grimace en voyant qu'elle avait plus la tête d'une fille délurée que d'une sage étudiante.

Tout cela, c'était la faute de Donovan, soupira-t-elle en rangeant son poudrier, de son baiser trop passionné, du lit trop sensuel qu'il lui avait offert pour la nuit, de ces draps carrément érotiques qui lui avaient inspiré les pires fantasmes...

Une bouffée de chaleur se répandit dans son bas-ventre.

— Mince, murmura-t-elle. Là, ça ne va plus du tout!

Elle retapa le lit, puis sortit de la chambre. Au bout du couloir, il y avait une porte de bois percée d'une minuscule fenêtre qui laissait passer juste assez de lumière pour lui permettre de s'orienter. Comme Donovan le lui avait promis, le battant s'ouvrit sans difficulté.

Le vigoureux soleil d'Irlande l'accueillit à l'extérieur. Eblouie, elle cligna des yeux, puis s'étira en inspirant profondément, livrant son visage à l'air de la mer qui lui fouetta les sens.

Puis elle observa les lieux. Juste devant elle, il y avait un petit parapet. Elle s'y appuya et contempla, trente ou quarante mètres plus bas, les vagues écumantes qui se brisaient avec fureur au pied de la falaise, juste sous le château. Sur sa droite descendait un escalier de pierre qui disparaissait à l'angle du bâtiment.

Rachel frémit. Les marches semblaient en très mauvais état. Certaines étaient craquelées. Le parapet qui les bordait était cassé en plusieurs endroits.

Un pas de travers, et ce serait la chute dans le vide, jusqu'à l'océan, se dit-elle. Devait-elle vraiment emprunter un escalier aussi dangereux, qui, de toute évidence, attendait d'être rénové? Sans doute Donovan pensait-il que la remise en état avait été faite. Sinon, il lui aurait conseillé de sortir par-devant.

Elle rentra dans le château, puis scruta le long couloir obscur. A droite et à gauche, elle distinguait des portes et des passages voûtés.

Rachel haussa les épaules et sourit.

— Bon, eh bien... je crois que je n'ai pas le choix. Je vais devoir me promener dans ce beau château jusqu'à ce que je trouve la sortie...

6.

Elle se perdit. Désespérément. Effroyablement. Le château ressemblait à un labyrinthe, et ses couloirs, ses escaliers, ses passages, éclairés ici et là par de rares fenêtres, partaient dans toutes les directions, se croisant et s'entremêlant d'une telle façon qu'il était impossible de s'y repérer.

Au fil des heures, elle fit de nombreuses découvertes. Certaines plutôt agréables, d'autres extrêmement fâcheuses.

Elle connut l'horreur de n'avoir pas d'eau pour étancher sa soif, pas de nourriture pour reprendre des forces. Elle affronta l'expérience redoutable de se prendre la tête dans une immense toile d'araignée, aussi épaisse qu'un rideau de crin.

Ses trouvailles plus plaisantes lui permirent d'oublier momentanément son supplice. Elle explora tout à loisir diverses pièces meublées d'antiquités extraordinaires. Quand elle se sentit fatiguée, elle fit la sieste dans un confortable canapé tendu de velours. Un peu plus tard, elle tomba sur une salle qui renfermait une impressionnante collection d'instruments de musique du monde entier — de la plus simple flûte à bec aux luths d'Europe centrale les plus rares.

Après avoir admiré ces pièces de musée, elle s'attarda devant une des fenêtres qui ouvraient sur la campagne, et s'abîma dans la contemplation du paysage d'Irlande, verdoyant et magnifique. Elle avait l'impression d'être très haut. Sans doute se trouvait-elle à l'étage supérieur du château. Elle avait monté et descendu tant d'escaliers qu'elle avait perdu toute notion d'orientation.

Comme elle s'apprêtait à ressortir de la salle de musique, elle prit conscience que le soleil était déjà bas sur l'horizon. La journée avait filé. Et sa sieste avait sans doute duré plus longtemps qu'elle ne l'avait cru.

Rachel se sentit soudain très mal. Il fallait impérativement qu'elle trouve la sortie du château ! Si Donovan découvrait qu'elle avait exploré sa propriété, il lui en voudrait sans doute.

Elle recommença à arpenter les couloirs, et descendit le premier escalier qu'elle rencontra. Puis le suivant. Au bout d'un autre corridor, elle tomba sur un escalier en colimaçon, avec des marches de pierre. Elle s'y engagea.

Elle se retrouva bientôt plongée dans le noir le plus complet. Priant pour que l'escalier débouche sur une zone éclairée, elle continua de le descendre en prenant appui sur le mur. Les marches semblaient s'enfoncer dans les entrailles du château. Une sensation oppressante lui envahit la poitrine.

Tout à coup, un morceau de pierre se détacha d'une marche, sous son talon. Elle rejeta vivement la jambe en arrière, et entendit le fragment de granit dévaler longuement l'escalier dans les ténèbres.

— J'en ai marre, marmonna-t-elle. C'est trop dangereux. Je remonte.

Hélas, comme elle pivotait sur elle-même, son pied glissa de nouveau. Elle réussit de justesse à sauter sur la marche supérieure, tandis que le débris basculait dans l'escalier avec un fracas assourdissant.

Et puis le silence revint, inquiétant. Elle perçut alors un autre bruit, plus étrange. Cela ressemblait à des battements d'ailes qui se rapprochaient...

Soudain, il y eut des hurlements, des cris aigus qui lui percèrent les tympans.

En un instant, l'escalier s'emplit d'une nuée de chauves-souris que les bris de pierre avaient réveillées, et qui, affolées, volaient en tous sens, tournoyant autour d'elle. Rachel essaya de les repousser en hurlant, agitant frénétiquement les bras. Mais les animaux étaient trop nombreux. Elle sentait leurs petits corps poilus la frôler et se cogner contre elle. Leurs ailes lui fouettaient le visage, le torse et les jambes, lui marquant la peau au passage.

Prise de panique et de vertige, elle vira sur elle-même en criant à s'époumoner, essayant de se protéger le visage avec les bras.

Et elle trébucha.

Son pied glissa sur la marche cassée, et elle tomba dans l'escalier comme un pantin désarticulé, incapable d'arrêter sa chute. Pendant une seconde ou une éternité, elle dévala les marches en roulant plusieurs fois sur elle-même.

Puis elle s'immobilisa brutalement. Il lui fallut un moment pour comprendre qu'elle ne bougeait plus. La tête lui tournait, et elle éprouvait des élancements atroces dans tout le corps. Peu à peu, cependant, la sensation de vertige s'estompa. Elle se rendit compte qu'elle était couchée sur le côté, bras et jambes tordus, mais apparemment en un seul morceau.

Lentement, péniblement elle se redressa en position assise. Le moindre mouvement la faisait horriblement souffrir. Elle avait mal dans le crâne, surtout. L'un après l'autre, elle actionna chacun de ses membres. Il semblait qu'elle n'avait rien de cassé. C'était un miracle, après une telle chute ! En revanche, en se tâtant le crâne, elle s'aperçut que son front saignait.

Les dents serrées pour ne pas gémir de douleur, elle parvint à se mettre debout. Puis elle tourna sur elle-même, essayant de scruter l'obscurité qui l'enveloppait.

Où se trouvait-elle ? Donovan avait dit que certaines parties du château n'étaient pas restaurées... Peut-être ne venait-il jamais par ici... Peut-être mourrait-elle de faim ou de soif avant qu'on ne la retrouve...

Elle secoua la tête et tâtonna le mur devant elle, cherchant une ouverture, une porte, quelque chose...

Soudain, elle eut comme une illumination ! Qu'elle était bête ! Il faisait noir, elle n'avait pas de lampe, mais elle avait un briquet sur elle ! Mais oui ! Celui avec lequel elle avait allumé le feu dans la cheminée du pub, la veille au soir — avant l'arrivée de Donovan.

Elle le sortit de sa poche, l'alluma et inspecta son environnement. Devant elle, elle distinguait ce qui semblait être un long couloir en pierre, pareil à celui d'une cave. Mais au fond, semblait-il, il y avait des portes closes qui mèneraient peut-être quelque part...

Progressant à tâtons, elle parvint devant les trois portes. Le premier battant ouvrit sur une pièce vide, sans issue ; le deuxième également...

Il ne restait qu'une seule porte, un seul espoir. Le cœur serré, réprimant des larmes de dépit, elle tendit la main vers la clenche et la tourna.

La serrure était verrouillée !

Cette fois, les nerfs de Rachel craquèrent. Elle éclata en sanglots, maudissant son sort...

Puis tout à coup, elle entendit un bruit — un léger craquement qui venait de derrière la porte close !

Elle tendit l'oreille. On aurait dit qu'un battant s'ouvrait lentement... Et maintenant... quelqu'un se déplaçait sur le sol, traînant un peu les pieds.

Un rai de lumière apparut sous la porte.

Les pas se rapprochèrent.

Rachel recula précipitamment tandis que la serrure jouait, puis que la porte s'ouvrait dans un chuintement paisible.

Donovan O'Roark se figea, une expression stupéfaite, et aussi quelque peu effrayée, sur le visage. Tremblante, honteuse, Rachel détourna les yeux. Dans la pièce, derrière lui, brûlaient plusieurs bougies sur des chandeliers. Au centre, il y avait...

Rachel porta une main à la bouche pour s'empêcher de hurler.

Il y avait là un grand cercueil laqué de noir, matelassé de satin ivoire. Le même satin que celui du lit où elle avait dormi.

Donovan tendit un bras vers elle.

Elle tourna les talons, lâcha le briquet, et s'enfuit en courant.

— Rachel ! Attendez !

Ivre de terreur, Rachel se mit à courir aussi vite qu'elle put, remontant le couloir obscur qu'elle venait de descendre, incapable de réfléchir, sans savoir comment elle échapperait à Donovan.

Elle l'entendit se lancer à sa poursuite. Seigneur ! Il allait la rattraper. Et ensuite, que ferait-il ?

Dans l'obscurité, elle ne vit pas le mur au bout du corridor et le percuta de plein fouet, tête la première. Sonnée, elle bascula en arrière et s'écroula par terre.

Soudain, les yeux de Donovan percèrent l'obscurité, et elle comprit qu'il se penchait sur elle...

« Comme un loup sur un agneau vaincu », songea-t-elle avec effroi.

— Oh, Rachel...

Terrorisée, elle ferma les yeux. Il allait la tuer et la vider de son sang, pour se venger des affronts que lui avaient fait subir les femmes du clan Sullivan dans le passé, et pour la punir d'avoir désobéi.

Mais, contre toute attente, elle sentit qu'il la prenait dans ses bras. Son souffle chaud lui caressa le visage, ses doigts lui effleurèrent le front comme pour apaiser les élancements qui lui martelaient les tempes...

— Vous avez failli vous tuer, marmonna-t-il.

Comme s'il n'avait pas l'intention de l'achever lui-même ! pensa-t-elle en luttant contre l'évanouissement.

L'emportant dans ses bras, il repartit vers les portes au bout du couloir. Il ouvrit la première qu'elle avait essayée, entra dans la pièce vide. L'oreille tendue, Rachel devina qu'il s'approchait du mur, y touchait une brique et que la paroi s'ouvrait devant eux !

Médusée, incapable de faire un geste dans les bras qui l'emprisonnaient, elle sentit qu'il montait un escalier.

Soudain épuisée, elle ferma les yeux.

Quand elle les rouvrit, Donovan était en train de la déposer sur une surface souple, confortable — un lit ou un canapé.

— Je vais allumer, annonça-t-il.

Il s'éloigna dans l'obscurité, d'un pas si sûr qu'elle fut certaine qu'il voyait dans la nuit. Un instant plus tard, la lumière jaillissait des candélabres, et Rachel reconnaissait les lieux. Ils se trouvaient dans le grand salon de la veille au soir.

— Je n'étais pas loin de la sortie, alors, balbutia-t-elle.

— Jamais vous n'auriez trouvé les portes secrètes dans les murs, répliqua-t-il.

Donovan alluma un feu dans la cheminée devant elle.

— Si vous vouliez sortir d'ici, pourquoi n'êtes-vous pas partie par la porte de derrière, que je vous avais indiquée ? reprit-il d'un ton accusateur. Pourquoi êtes-vous restée, alors que je vous avais ordonné de vous en aller ?

— Je... Je ne voulais pas être indiscrète, bafouilla-t-elle. Je... L'escalier de derrière m'a paru dangereux. Je voulais juste trouver une sortie plus sûre.

— Vous mentez, rétorqua-t-il en se rapprochant d'elle.

— Non...

Il lui agrippa les épaules — sans doute pour en finir avec elle.

Mais tout à coup, elle le vit se figer, les yeux fixés sur son front.

— Mais vous êtes beaucoup plus sérieusement blessée que je ne le croyais, s'exclama-t-il en considérant la plaie que des cheveux ensanglantés masquaient en partie.

— Je suis tombée, dit-elle.

Dès qu'elle lui eut raconté sa chute dans l'escalier en colimaçon, il l'examina de plus près, détaillant sur tout le corps les nombreuses ecchymoses et les coupures diverses qu'elle portait.

— Je vais bien, affirma-t-elle. Je n'ai rien de cassé.

Il se renfrogna.

— Je vais chercher des pansements.

— Non ! Je... Je me soignerai chez moi. S'il vous plaît, je veux partir.

— Pourquoi ? répliqua-t-il. Je croyais que vous vouliez connaître tous mes secrets ?

Elle baissa les yeux. Tout en parlant, Donovan l'avait couvée d'un regard brûlant, passant et repassant sur les courbes de ses seins. Inexplicablement, elle avait eu l'impression qu'il la caressait. La sensation était délicieuse... autant qu'insensée !

— J'ai changé d'avis, contra-t-elle. Je... je trouverai un autre sujet de thèse. Je ne désire plus parler avec vous. Je veux juste partir d'ici.

— Dites plutôt que vous voulez me fuir, Rachel ! Parce que vous avez découvert que je suis le monstre de vos pires cauchemars. Le démon de la légende que vous refusiez de croire. Vous savez maintenant que tout cela est bien réel, et cela vous terrifie.

Elle se força à soutenir le regard accusateur.

— Je n'ai jamais pensé que vous étiez un démon. Contrairement aux villageois, je ne vous ai jamais mal jugé. Prouvez-moi que j'avais raison.

Il ricana.

— Ne me tuez pas, murmura-t-elle. Je jure que je ne dirai jamais rien sur vous.

— Je n'ai pas l'intention de vous tuer, Rachel, répliqua-t-il d'un air soudain las, presque triste. Et je sais fort bien que vous ne dévoilerez jamais mon secret à personne.

Elle aperçut une lueur d'espoir.

— Vous pouvez me faire confiance. Je vous promets que...

— Non, je ne peux pas vous faire confiance, objecta-t-il d'un ton tranchant. C'est pour cela que vous devrez rester ici, avec moi, au château.

Elle se figea, tout espoir évanoui.

— Rester ici ? Mais... Mais... Comment cela ? Combien de temps ?

Il ne répondit rien, mais elle lut dans ses yeux une réponse qui acheva de la terroriser.

« Pour toujours, semblait-il dire. Vous serez ma prisonnière pour toujours et à jamais... »

7.

Je la laissai seule quelques minutes pour aller chercher de l'eau chaude, du coton et des pansements.

Quand je revins dans le salon, elle me fixa d'un regard mi-implorant, mi-provocateur.

— Laissez-moi partir! s'exclama-t-elle. Je ne veux pas rester ici.

Je m'agenouillai devant elle et commençai à soigner ses plaies, nettoyer ses ecchymoses. J'avais mal pour elle — à la fois pour ses blessures et pour le sort que je lui imposais. Mais je n'avais pas le choix.

— Vous resterez, affirmai-je d'un ton sans conteste.

— Au village, ils vont s'inquiéter. Ils viendront ici...

Ses seins gonflaient superbement la dentelle fine de son soutien-gorge. Elle avait un bleu au-dessus du mamelon gauche. J'y appliquai doucement de la crème apaisante puis une compresse. Le contact de sa peau sous mes doigts me fit frissonner.

Elle ne faisait plus un geste. Sa respiration s'accélérait.

— Ne dites pas de bêtises. Personne ne sait que vous êtes ici.

Elle baissa les yeux, et je sus que je ne m'étais pas trompé.

— Vous enverrez un mot à Mary, au pub, pour lui dire que vous êtes partie quelques jours en voyage, à l'improviste. Pour vos recherches de thèse...

— Jamais! protesta-t-elle.

Et elle me repoussa subitement, bondit sur ses pieds tout en saisissant son chemisier qu'elle enfila à la hâte.

— Calmez-vous, Rachel.

— Je veux sortir !

Elle se précipita vers la porte. Soupirant, je décidai de la laisser s'exténuer dans sa vaine tentative. Elle tira furieusement sur les battants, sans même réussir à les ébranler.

Enfin, elle se tourna vers moi, mains sur les hanches.

— Qui êtes-vous, Donovan ? Qu'attendez-vous de moi ?

— Qui je suis ? répliquai-je. Vous le savez très bien...

Elle me dévisagea longuement, l'air désemparé.

— Non. C'est impossible, balbutia-t-elle. C'est... c'est une sale blague que vous me jouez pour me punir de ma vilaine curiosité.

— Pas du tout. Ce que vous avez vu tout à l'heure... n'est que la stricte vérité.

Elle s'approcha de moi, secouant la tête. Je vis la peur refluer dans ses yeux. Elle s'efforçait de réagir avec courage. Je la trouvai admirable.

— Les vampires n'existent pas, affirma-t-elle. Et l'histoire de Donovan O'Roark n'est qu'une légende.

Je soupirai encore — d'agacement, certes. Mais surtout parce que j'avais peur, soudain, de sa réaction quand elle comprendrait son erreur.

— Vous avez voulu me donner une bonne leçon, ajouta-t-elle.

Elle s'immobilisa devant moi.

— Bravo, reprit-elle. Vous avez réussi à me flanquer la trouille de ma vie. Mais je ne suis pas si naïve, Donovan, et maintenant je me suis ressaisie. Alors, arrêtons ce petit jeu idiot, d'accord ?

Je me redressai et posai les mains sur ses épaules.

— Ce n'est pas un jeu, Rachel, répondis-je. Il n'est pas question de vous laisser partir... comme Dante a laissé filer Laura Sullivan il y a cent ans. Vous iriez chercher les villageois, ils viendraient ici... L'histoire se répéterait...

Fermant les yeux, j'ajoutai dans un murmure las :

— Mais peut-être serait-il plus sage d'en finir ainsi.

Elle me toisa d'un air aussi perplexe que songeur.

— Si vous êtes un vampire, prouvez-le-moi.

— Quelle preuve vous faut-il ? Vous avez vu... ma chambre, dans le sous-sol.

Elle haussa les épaules.

— Transformez-vous en chauve-souris, par exemple.

Je souris en entendant la pointe d'humour qui perçait dans sa voix. Mais, Seigneur, croyait-elle donc vraiment qu'il ne s'agissait que d'une blague ? Ça commençait mal !

— Je crains de ne pas maîtriser cette aptitude-là, rétorquai-je d'un ton badin. Mais j'ai entendu dire que certains vampires, ceux qui sont très vieux, sont capables de changer de forme et de voler. Moi, je n'ai que deux cents ans.

— Hmm, ironisa-t-elle. A peine l'âge du permis de conduire.

— Avez-vous un miroir sur vous, Rachel ? marmonnai-je.

— Un miroir ?

Je hochai la tête. Elle parut soudain hésitante.

— Ecoutez, bafouilla-t-elle. Vous ne croyez pas que cette plaisanterie a assez duré ? Vous saviez pertinemment que je ne partirais pas par la porte de derrière. Alors vous m'avez attendue à côté de ce cercueil, et... Le timing était parfait, d'accord. Quoique... je ne vois pas comment vous auriez pu être certain que j'aboutirais dans ce couloir, mais bon...

— Le miroir, insistai-je. Donnez-le-moi, et finissons-en avec ça, Rachel.

— Vous êtes fou à lier, répliqua-t-elle en sortant un poudrier de sa poche. Je vous dis que j'ai compris la leçon. Jamais plus je ne fouinerai...

— Donnez, l'interrompis-je en lui prenant le poudrier des mains. Vous allez avoir la preuve que vous voulez. Et vous pourrez me haïr à votre guise, comme tous les mortels.

J'ouvris le poudrier, levai le miroir devant mon visage et tirai Rachel par la main.

— Regardez, dis-je. Vous voyez ? Pas de reflet ! Je suis bien le monstre auquel vous refusiez de croire.

Elle laissa échapper un cri d'effroi.

— Ce n'est pas vrai, protesta-t-elle d'une voix rauque. C'est... impossible.

— Mais si. C'est la vérité absolue. Je suis un vampire.

Je refermai le poudrier et le lui rendis. Elle s'assit sur le canapé, l'air hagard.

— Mais alors... ? bafouilla-t-elle. La légende... ? Quand on raconte que vous vous êtes dressé dans votre cercueil et que le prêtre a essayé...

— De m'enfoncer un pieu en plein cœur, conclus-je à sa place. C'est vrai aussi. Mon propre père lui a tendu le maillet et le pieu. Ma propre mère m'a traité de démon !

Elle pâlit.

— Et ensuite ? marmonna-t-elle. Il paraît que vous deviez revenir un jour au village pour vous venger de la famille Sullivan. C'est pour cela que vous êtes ici aujourd'hui ?

— Pas du tout, répondis-je, blessé de l'entendre formuler une telle absurdité. Comment pouvez-vous penser cela ?

Elle se mordit la lèvre inférieure.

— Vous me retenez prisonnière. Que dois-je en conclure ? Qu'avez-vous l'intention de me faire ?

— Franchement, je n'en sais rien.

— Suis-je en danger, avec vous ?

— Si je réponds non, me croirez-vous ?

Elle me fixa d'un regard suppliant.

— Laissez-moi partir, Donovan.

— Vous n'étiez pas si pressée de vous en aller, hier soir. Avez-vous oublié que vous m'avez demandé un baiser ?

— C'était avant que...

— Avant quoi ? Que vous ne découvriez que je suis un vampire, un monstre assoiffé de sang ? répliquai-je, sentant l'énervement me gagner. Vous ne savez rien de moi ! de ma vie ! Mais vous me jugez avant même d'avoir cherché à me connaître !

Terrassée par l'accusation, elle se renversa contre le dossier du canapé. Je m'assis à côté d'elle, et nous nous regardâmes quelques instants.

— Vous avez raison, admit-elle. Je me comporte d'une

façon imbécile. Mais vous aussi ! Vous vous imaginez le pire à mon sujet, alors que vous ignorez qui je suis !

Je fronçai les sourcils, choqué par cette accusation.

— Vous êtes persuadé que je vous trahirai comme mes ancêtres l'ont fait, expliqua-t-elle. Vous me voyez déjà vous dénoncer au monde entier !

Elle avait raison : c'était exactement ce que je pensais.

— Nous sommes dans une impasse, marmonnai-je.

Elle croisa les bras sur sa poitrine.

— Allez-vous me tuer ?

— Non ! assurai-je. Vous me croyez ?

— Je ne devrais pas, répondit-elle avant de faire la moue. Mais... je vous crois, oui.

— Bien, approuvai-je, soulagé.

— Ne vous réjouissez pas trop vite. Si je vous crois, c'est surtout parce que je n'ai pas le choix. Mais je redoute de me tromper.

— Je ne vous ferai jamais aucun mal, Rachel, vous avez ma parole.

— Pourquoi me garder prisonnière, alors ?

— Je ne peux pas vous libérer. Pas encore.

— Quand serai-je libre ?

— Je ne sais pas, répliquai-je en portant les mains à mes tempes. Je dois réfléchir.

Elle secoua la tête.

— Je n'en reviens pas, grommela-t-elle. Je n'en reviens pas de me trouver dans cette situation. Et je n'en reviens pas de rester si calme en face de vous. Est-ce que je ne devrais pas me mettre à hurler, gesticuler comme une dingue, ou quelque chose dans le genre ?

— Vous avez une nature hystérique ? m'enquis-je, amusé.

Sa bouche esquissa un sourire qu'elle refoula aussitôt.

— Comment réagissent les femmes, d'habitude, quand vous leur révélez que vous êtes un vampire ?

— Je n'avais jamais encore eu l'occasion de le révéler, répondis-je en me levant.

Je m'approchai de la cheminée, prenant appui d'une main sur le linteau, et fixai les flammes.

— Mais, dans votre situation, j'imagine que n'importe quelle femme aurait réagi comme vous. D'abord par la peur, puis l'incrédulité, et maintenant...

Je la regardai.

— Que ressentez-vous, maintenant, Rachel ?

Elle haussa les épaules.

— Je suis en colère contre vous parce que vous me retenez ici contre ma volonté. Mais à part cela... Je ne suis pas sûre de savoir quoi penser.

Elle soutint mon regard.

— Et puis il y a une autre chose qui me tarabuste, poursuivit-elle en souriant.

— Quoi donc ?

— J'ai faim.

Rachel errait à travers le salon, examinant distraitement les étagères chargées de bibelots anciens et de livres, essayant de mettre de l'ordre dans ses idées. S'efforçant, par-dessus tout, d'encaisser le choc de la révélation qu'elle venait d'avoir au sujet de Donovan.

Curieusement, elle n'avait plus peur comme au début. Elle se sentait soucieuse, elle redoutait les heures à venir. Mais Donovan, son ravisseur, la créature de la nuit que les humains craignaient tant, Donovan lui inspirait confiance. Elle « devait » se méfier de lui, bien sûr. Mais... Mais elle n'avait pas oublié ce qu'elle avait ressenti entre ses bras, la veille, quand il l'avait embrassée sur les lèvres, puis dans le cou...

A quoi pensait-il, lui, à ce moment-là ? se demanda-t-elle soudain. Etait-ce comme on le disait dans les livres ? Avait-il lutté contre sa soif de sang, et réussi de justesse à ne pas la prendre, là, de force, pour la vider de son liquide de vie ? Seigneur ! pourquoi cette idée ne la terrifiait-elle pas ?

Bizarrement, elle était simplement... curieuse. Elle avait envie de mieux connaître Donovan. Il l'attirait, indiscutablement. Et, comme elle l'avait imaginé la veille en le voyant devant le pub, elle se demandait de nouveau s'il n'était pas l'ange gardien de son enfance...

Donovan entra dans le salon. Il portait à la main un petit plateau sur lequel se trouvaient un bol empli d'un liquide fumant et un verre plein d'un liquide vermillon. Comme elle écarquillait les yeux en fixant ce breuvage, le vampire ironisa :

— Rassurez-vous. Ce n'est que du vin.

Elle eut honte de la pensée qui l'avait assaillie.

— Et dans le bol, il y a de la soupe de légumes, ajouta-t-il en posant le plateau sur un guéridon à côté d'un fauteuil, devant la cheminée.

Elle s'assit en lui adressant un sourire reconnaissant.

— Désolé, je n'ai que ça à vous offrir, précisa-t-il. Les ouvriers ont seulement laissé quelques sachets lyophilisés dans les placards...

— Et vous ? Vous... ne mangez pas ?

Il se renfrogna.

— Ne posez pas de questions si vous n'êtes pas prête à en affronter les réponses, Rachel.

— Je ne vois pas comment on peut être « prêt » à ce genre de choses. L'étiez-vous, de votre côté ?

— Que voulez-vous dire ?

— Eh bien, quand vous êtes devenu vampire. Comment cela s'est-il passé, pour vous ?

— Que voulez-vous savoir, au juste ? répliqua-t-il.

Elle haussa les épaules.

— Je ne sais pas. Si vous me retenez prisonnière dans le château, vous pouvez au moins me faire la conversation.

— C'est un interrogatoire, pas une conversation.

Elle se rembrunit.

— Non ! Je suis curieuse, voilà tout. Vous n'allez pas me reprocher mon désir de vouloir comprendre, tout de même !

Il baissa un instant les yeux, puis s'éclaircit la voix.

— Je crois que j'ai trouvé une solution à notre problème, marmonna-t-il. Une sorte de compromis.

— Ah oui ?

Elle goûta la soupe, la trouva très bonne.

— Nous pourrions parvenir à un accord, suggéra-t-il.

— Un accord ? Alors que je suis votre prisonnière ? objecta-t-elle. Vous voulez dire que j'ai le choix ?

— Je vous retiens ici, oui, mais je vous propose quelque chose en échange.

— Quoi donc ?

Il s'assit en face d'elle.

— Cessez de vous considérer comme ma prisonnière, Rachel. Restez avec moi... le temps que je prenne certaines dispositions. En échange, je vous raconterai toute mon histoire. Et quand je serai prêt, vous vous en irez.

Elle pencha la tête de côté.

— Quel genre de dispositions voulez-vous prendre, Donovan ?

Je haussai les épaules, incapable de détacher mes yeux de cette femme admirable, que je sentais de moins en moins craintive à mon égard.

— Je dois changer de nom, me forger une nouvelle identité, me trouver un nouveau lieu de résidence... J'ai des amis qui m'aideront, conclus-je en pensant à Eric et à Tamara qui résidaient en Amérique du Sud. Ça ne sera pas très long.

— Mais... pourquoi faire toutes ces choses ? répliqua-t-elle, l'air sincèrement étonné.

— Parce que je vais vous livrer tous mes secrets. Et quand vous écrirez votre thèse, de nombreuses personnes se précipiteront ici. Certaines par simple curiosité, d'autres pour me détruire, expliquai-je en songeant, cette fois, non seulement aux villageois de Dunkinny, mais aux agents de la section des Enquêtes paranormales, qui œuvraient essentiellement aux Etats-Unis, mais pouvaient intervenir en Irlande aussi.

— Vous vous montez la tête. Personne ne croira ce que j'écrirai dans ma thèse.

— Les gens d'ici y croient bien, eux.

— Nous ne sommes plus en 1898, Donovan. Les foules enragées que vous avez connues autrefois n'existent plus.

— J'ai vu mon meilleur ami périr à cause de ces gens, Rachel. Cela m'a appris à être très prudent. En outre, je puis vous assurer qu'il existe bien des gens, de par le monde, qui cherchent à nous éliminer, nous les vampires. Je n'ai pas l'intention de me laisser assassiner.

Elle plongea ses yeux dans les miens.

— Je comprends.

Elle avala quelques gorgées de soupe, puis posa le bol.

— Cependant, je crois qu'il y a une chose à laquelle vous n'avez pas pensé, Donovan.

Elle se leva et s'approcha de l'âtre. Les flammes baignaient son visage d'un magnifique halo doré.

— Vous semblez me considérer comme une sorte d'ennemie qui ne songe qu'à vous nuire...

— Pas du...

— Mais jamais, m'interrompit-elle en me regardant, jamais je n'écrirai un document qui risque de chasser un homme de chez lui, et l'oblige à changer de vie. Pourquoi ferais-je une telle chose ? Pour un diplôme universitaire ? Ce ne serait pas très juste, vous ne pensez pas ?

Je sondai son esprit, et constatai qu'elle était sincère.

— Ne vous tracassez donc pas, Donovan. Je vais simplement trouver un autre sujet de thèse.

Je repris espoir. J'avais envie de lui faire confiance.

Mais il ne fallait pas.

— Peut-être dites-vous la vérité. Mais je ne peux vous croire sur parole.

— Vous ne faites jamais confiance à personne, n'est-ce pas ? s'insurgea-t-elle d'un ton à la fois dépité et agacé.

— Je suis désolé, m'excusai-je, contrit. Je dois être prudent.

Une larme roula sur la joue de la jeune femme.

— Alors vous allez vraiment me garder ici, prisonnière ?

— Je n'ai pas le choix, Rachel.

— Mais si, Donovan ! Mais si ! On a toujours le choix ! On peut toujours essayer de faire confiance aux gens !

Elle se renfrogna.

— Vous avez raison sur une chose, en tout cas. Vous êtes vraiment un monstre. Non pas parce que vous êtes un vampire, mais parce que vous n'avez pas de cœur ! Vous êtes incapable de sentiments humains. Vous ne pensez à personne, sinon à vous-même ! s'emporta-t-elle avant de secouer la tête avec lassitude. Prenez les dispositions que vous voudrez. Et libérez-moi quand vous serez prêt.

Sa colère me touchait, m'ébranlait. Mais, sur le moment, je ne sus comment réagir.

Soudain, elle releva le menton.

— Ayez l'obligeance de m'accompagner à ma chambre, Donovan. Je n'ai aucune envie de me perdre une fois de plus dans ce satané château.

J'acquiesçai, et l'invitai à me suivre.

— Rachel... Vous devez comprendre que, pour moi, c'est une question de survie, tentai-je de lui expliquer alors que nous longions un couloir. Nous sommes faits, nous les vampires, pour la solitude. Nous ne pouvons faire confiance aux humains, car la plupart d'entre eux cherchent à nous nuire. Dante m'a appris cette leçon très tôt. Mais lui, hélas, l'a oubliée et en est mort. Je ne veux pas connaître le même sort.

Je vis à son expression que, dans son esprit, la confusion et l'étonnement luttaient contre la colère.

— Ainsi, vous vivez complètement seul ? murmura-t-elle. Depuis toujours ?

— Oh, j'ai quelques amis vampires, en plusieurs endroits du monde. Mais dans l'ensemble, je vis quasiment seul depuis cent ans. Depuis la mort de Dante, en fait.

Je m'arrêtai devant une porte de bois sombre.

— On s'habitue à la solitude, ajoutai-je d'un ton détaché.

— Non, objecta-t-elle. Personne ne peut vivre seul. Je comprends mieux, maintenant, pourquoi vous vous méfiez de moi. Votre solitude vous a braqué contre les relations humaines.

Ignorant cette remarque qui me frappait en plein cœur, j'ouvris la porte.

— Ce soir, j'aimerais que vous dormiez dans cette chambre, Rachel. Je... Je l'ai aménagée moi-même.

Elle cilla.

— Pour qui ?

— Pour personne, marmonnai-je. C'était... un caprice. Pour me distraire.

J'entrai dans la pièce et allumai les appliques murales au gaz. J'avais en effet ouvert la valve principale pendant qu'elle dormait, la nuit précédente, comme si j'avais su qu'elle ne partirait pas au matin comme je le lui avais ordonné. Mais je ne m'étais pas attendu à ce qu'elle trouve mon cercueil !

Elle me suivit dans cette chambre splendide, digne d'une princesse, que j'avais décorée en suivant mon inspiration — pour l'amante idéale que je ne connaîtrais jamais, que je n'inviterais jamais ici.

Le destin tragique de Dante m'avait appris à ne plus espérer trouver le bonheur auprès d'une femme.

Ce soir, j'avais décidé que la chambre devait servir au moins une fois. Alors, si moi je n'y dormais pas, pourquoi ne pas y installer Rachel ? Elle méritait ce lieu.

— Seigneur, c'est magnifique, murmura-t-elle en s'avançant vers l'immense lit — rond — couvert d'un jeté de soie et de laine à dominante mauve.

La moquette, dans la même teinte, était si épaisse que nos pas y laissaient des empreintes profondes. J'avais choisi un mobilier élégant, de bois, qui s'intégrait très bien aux lambris muraux, à la cheminée de marbre de Carrare, aux grandes fenêtres tendues de velours pourpre.

Mon cœur battit la chamade quand je vis le sourire ravi qui se peignait sur les lèvres de Rachel. Sa joie me comblait.

— Venez voir la salle de bains, proposai-je en lui prenant la main.

J'ouvris la porte dérobée, à droite du lit. Elle poussa un soupir enchanté en découvrant la somptueuse baignoire en marbre et la robinetterie en or que j'avais fait installer ici.

— Vous invitez des stars de cinéma, de temps en temps ? demanda-t-elle avec espièglerie.

— Il y a aussi un salon, précisai-je en retournant dans la chambre.

Elle me suivit. J'ouvris une double porte sur le mur du fond, lui révélant une pièce aménagée dans des teintes chaudes, équipée d'une bibliothèque, d'un canapé moelleux, d'une chaîne hi-fi.

Rachel me regarda fixement.

— Pourquoi ? fit-elle dans un murmure étonné. Pourquoi vous être donné tant de mal si votre intention est de toujours vivre seul ?

Je secouai la tête.

— Je vous l'ai dit. C'est un caprice.

— Non, objecta-t-elle en se rapprochant de moi. Je n'y crois pas.

Elle scruta mon visage.

— La solitude vous pèse, Donovan. Ne le niez pas.

Je baissai les yeux.

— Je pense que vous avez conçu cette pièce en rêvant d'y faire venir quelqu'un, insista-t-elle, implacable. Quelqu'un qui vous aimerait.

Je tournai les talons et regagnai la chambre.

— Vous vous mettez des idées fausses dans la tête, Rachel, répondis-je d'une voix que j'espérais ferme. Je n'ai pas besoin de femme ! Je ne partage ma vie avec personne ! Vous restez ici parce que je ne peux pas vous laisser partir maintenant. Mais je vous libérerai dans peu de temps. D'ici là, fichez-moi la paix !

Je sortis dans le couloir et refermai la porte derrière moi. Puis je me figeai, tremblant de tout mon corps, ne comprenant pas ce qui m'arrivait — et redoutant par-dessus tout que Rachel n'ait raison : la solitude m'était devenue insupportable.

8.

— Tu parles d'un séjour d'agrément, marmonna-t-elle en agitant les mains dans l'eau pour s'asperger la poitrine.

Après le brusque départ de Donovan, elle avait décidé de prendre un bain pour se calmer, tenter d'oublier momentanément l'étrange situation dans laquelle elle se trouvait, l'encore plus étrange comportement de son hôte, et toutes les questions qui assaillaient son esprit.

Le bain lui faisait un bien fou. Il lui nettoyait le corps et lui purifiait l'âme.

Cette salle de bains luxueuse, dans cette chambre digne d'une reine, était une compensation appréciable aux funestes événements qui s'étaient enchaînés depuis vingt-quatre heures, pensa-t-elle en soupirant d'aise.

Mais très vite, au fur et à mesure que l'eau fraîchissait, sa combativité reprit le dessus.

Il n'était pas question pour elle de rester cloîtrée ici jusqu'à ce que Monsieur le Vampire daigne revenir lui parler ! décida-t-elle en enjambant la baignoire.

Mais, au moment de se rhabiller, elle n'eut pas envie de remettre ses vêtements maculés de sang, en partie déchirés, crasseux.

Elle s'approcha de l'armoire ancienne qui se trouvait à gauche du lit, l'ouvrit sans grand espoir...

Et un sourire ravi lui monta aux lèvres.

L'armoire était remplie de vêtements de femme ! Des robes, des jupes, des chemisiers — il y avait un choix immense, dans une multitude de coloris, et dans toutes les tailles. En bas du meuble, Rachel ouvrit plusieurs tiroirs et y découvrit des sous-vêtements.

Pourquoi diable Donovan avait-il prévu une telle garde-robe ? se demanda-t-elle en inspectant les cintres.

Se promettant de l'interroger plus tard à ce propos, elle examina la collection de vêtements et arrêta son choix sur une jupe longue de soie pourpre, et un bustier assorti au décolleté osé — très osé.

— Je pense que cette tenue vous ira à ravir.

Rachel fit volte-face.

— Je ne vous ai pas entendu frapper, répliqua-t-elle en crispant instinctivement les poings sur le drap de bain qui l'enveloppait.

— J'ai tourné la clenche sans réfléchir. Je vous demande pardon.

Elle le scruta, perplexe. Il avait l'air... dépité, attristé. Accablé par la solitude — même s'il s'en défendait.

Il prétendait avoir aménagé cette chambre sur un coup de tête. Mais Rachel avait la conviction qu'il avait espéré y amener un jour une femme.

La femme de ses rêves, peut-être ?

— Je vous laisse, dit-il en reculant vers le couloir.

— Non ! Ne partez pas.

Il s'immobilisa et la parcourut d'un regard intense. Malgré la serviette qui couvrait son corps, elle se sentit comme... mise à nu devant lui. Une lueur chaude brillait dans ses iris. Et l'attitude de Donovan éveillait en elle une réaction profonde.

— Vous voulez que je reste ?

Elle regroupa les vêtements qu'elle avait sélectionnés et referma l'armoire.

— Quitte à être votre prisonnière, j'aime autant que vous me teniez compagnie. Je vais devenir folle si je reste seule dans cette chambre.

— Je pensais que vous voudriez vous reposer, objecta-t-il d'un ton soucieux.

— Il est trop tôt. D'ailleurs, si je dois dormir toute la nuit alors que vous, vous dormez le jour...

Elle haussa un sourcil.

— C'est bien ça, non ? Vous dormez le jour ?

Il hocha la tête.

— Dans ce cas, reprit-elle, comment pourrez-vous me dire tous vos secrets si nous ne sommes jamais ensemble ?

Il se renfrogna.

— Finalement vous avez décidé d'écrire quand même cette fichue thèse ?

— Non, répondit-elle en traversant la pièce. Croyez ce que vous voulez, mais, en vérité, je suis juste curieuse. J'ai envie de mieux vous connaître.

— Vraiment ?

— Oui. Je reviens dans une minute.

Elle s'enferma dans la salle de bains et s'habilla rapidement. La jupe, en forme, s'évasait en corolle quand elle virevoltait, tandis que le bustier très ajusté et décolleté soulignait la naissance des seins avec un effet pigeonnant. L'ensemble lui faisait une très, très jolie silhouette.

Elle se passa une main dans les cheveux pour les discipliner, et s'exaspéra de ne découvrir, là encore, aucun miroir dans la pièce.

Devait-elle en déduire que Donovan n'avait jamais imaginé inviter ici une mortelle ? que la femme de ses rêves ne pouvait être qu'une créature de la nuit, comme lui ?

— En ce cas, Rachel Sullivan, tu n'as aucune chance ! marmonna-t-elle.

A cette pensée, elle éprouva un petit pincement de dépit, car Donovan lui plaisait... énormément. Et depuis toujours, puisqu'elle était certaine, à présent, que c'était bel et bien lui le preux chevalier qui l'avait sauvée de la noyade quand elle était petite ; c'était lui l'ange noir qui l'avait réconfortée à la mort de ses parents. C'était lui qu'elle adorait et attendait...

Elle soupira. A quoi bon penser à cela ? Il ne lui faisait pas confiance. Il était enfermé dans sa solitude. Il se méfiait par-dessus tout des femmes de la famille Sullivan.

Mais pourquoi diable avait-elle la conviction que son destin était de devenir la compagne de ce vampire ?

Quand elle repassa dans la chambre, Donovan la couva d'un regard émerveillé.

— Vous êtes splendide, murmura-t-il.

— Ce sont ces vêtements qui sont splendides, répondit-elle, un peu gênée par le compliment.

— Vous êtes adorable, insista-t-il.

Se sentant rougir, elle détourna la tête.

— Est-ce par là que l'on trouve l'escalier dans lequel je suis tombée ? s'enquit-elle pour changer de conversation.

— Oui. Cet escalier se situe dans l'aile nord. C'est la partie du château qui n'est pas encore restaurée.

Il s'approcha d'elle, tendit une main pour écarter une mèche qui la gênait, se pencha afin d'examiner la plaie qu'elle avait au front...

— Avez-vous mal, Rachel ? s'enquit-il alors qu'elle ne pouvait s'empêcher de frissonner au contact des doigts qui l'effleuraient. Vos blessures vous font-elles souffrir ?

— J'ai mal un peu partout, comme si j'étais passée sous un rouleau compresseur, répondit-elle en souriant. Mais ne vous tracassez pas. Je me remettrai vite.

Ils se regardèrent quelques instants, les yeux dans les yeux. Les appliques diffusaient une lumière douce, sensuelle, sur le visage de Donovan.

Elle se détourna.

— Accepteriez-vous me faire visiter encore le château ? pria-t-elle. J'aimerais apprendre à m'y repérer.

— Si vous voulez, acquiesça-t-il avant de lui offrir son bras. Venez...

Ils sortirent dans le couloir, côte à côte, marchant d'un même pas. Rachel ne put s'empêcher de savourer le plaisir de se trouver tout contre lui, de serrer son bras, de sentir sa chaleur.

Donovan n'était pas un monstre froid. Bien au contraire, se disait-elle. C'était un être de chair et de sentiments, un homme magnifique, doté des plus beaux yeux bleus qu'elle eût jamais vus, avec de longs cheveux noirs qui lui donnaient un air de prince oriental. Un homme qui l'attirait irrésistiblement...

Ils se promenèrent un long moment à travers le château. Donovan, qui allumait des lumières partout où ils passaient, lui expliqua comment se repérer dans le dédale des couloirs et des escaliers. Rachel passa par des pièces qu'elle avait déjà visitées dans la journée, en découvrit aussi de nombreuses autres.

Enfin, ils redescendirent au rez-de-chaussée, et Donovan la fit entrer dans la bibliothèque, une immense salle dont tous les murs étaient couverts, du sol au plafond, de rayonnages de livres. Deux fauteuils de cuir sombre se trouvaient côte à côte, face à la fenêtre.

— C'est une pièce un peu triste, je trouve, observa Rachel.

— Triste ? Pourquoi ?

Elle s'avança vers la croisée habillée de majestueuses tentures de velours vert.

— Il y a deux fauteuils, ici. Mais vous n'avez personne pour vous tenir compagnie...

— Ne vous inquiétez pas pour ça, répliqua-t-il.

Rachel regarda par la fenêtre et poussa un soupir émerveillé. Là, devant elle, s'étendait un magnifique parc qui regorgeait de massifs de fleurs. Il y avait aussi une fontaine ornée d'une statue de déesse païenne.

— Je n'avais jamais vu ce jardin, murmura-t-elle.

Donovan la rejoignit.

— J'adore la perspective qu'on en a d'ici, dit-il d'un ton radouci. Je viens souvent le contempler pendant la nuit. Aimeriez-vous que nous nous y promenions ?

— Oui. Il me paraît si enchanteur...

Il lui prit la main, et, sans y penser, elle noua ses doigts aux siens.

Au fond de la bibliothèque, Donovan ouvrit une porte-fenêtre qui donnait directement sur le jardin.

Ils s'y avancèrent d'un pas tranquille.

— Comme vous le voyez, le parc s'étend jusqu'à la falaise, expliqua Donovan.

Rachel s'aperçut en regardant autour d'elle que la façade du château était couverte de ce côté par une sorte de plante grimpante qui portait, entre ses feuilles bien vertes, une multitude de petits bourgeons. Jamais elle n'avait vu pareille végétation.

— Asseyons-nous un moment, si vous voulez, proposa-t-il en désignant un banc de pierre près de la fontaine.

Ils s'installèrent l'un à côté de l'autre, et Donovan lui glissa un bras autour des épaules.

— Dites-moi..., commença-t-elle avec hésitation. Je voudrais une précision. Les vampires dorment le jour et vivent la nuit, n'est-ce pas ?

Il hocha la tête.

— Et la lumière du jour peut vous tuer ?

— Oui. Mais c'est un peu plus compliqué, précisa-t-il. Quand le jour approche, nous sommes la proie d'une langueur irrépressible. Nous perdons nos forces. Et, à l'aube, nous sombrons dans un sommeil très profond, dont il est quasiment impossible de nous arracher.

— Comme si... vous étiez mort ?

— Nous ne sommes pas des morts vivants, contrairement à la croyance populaire. Mais notre sommeil est beaucoup plus intense que celui des mortels.

— Si quelqu'un vous touche, ou vous parle...

— Ou bien m'asperge d'essence pour me faire brûler ? Ou me plante un pieu dans le cœur ? conclut-il d'un ton amusé. Eh bien... je m'en rendrais compte, mais je serais sans doute incapable de réagir pour me défendre.

— C'est terrifiant.

— C'est la raison pour laquelle je dors dans un cercueil caché dans le sous-sol du château. Pendant mon repos, je suis extrêmement vulnérable. Mais si ça peut vous rassurer, il m'arrive bien souvent de dormir dans un lit normal, comme n'importe qui. Certains vampires, d'ailleurs, refusent catégoriquement le cercueil.

Il se renfrogna.

— Je me demande bien pourquoi je vous raconte tout ça.

— Peut-être parce que vous commencez à me faire confiance ? suggéra-t-elle en souriant.

— Je ne fais confiance à personne, Rachel. Surtout pas aux belles mortelles...

Il se tut, baissant les yeux.

— Vous me trouvez belle ? bafouilla-t-elle, émue par le compliment.

Il la dévisagea un long moment, puis se détourna et désigna la façade du château.

— Regardez, chuchota-t-il.

Rachel tourna la tête et écarquilla les yeux. Les bourgeons de la curieuse plante grimpante étaient en train d'éclore l'un après l'autre, comme dans un film passé en accéléré, dévoilant de splendides fleurs blanches qui tendaient leurs pétales vers le ciel nocturne.

— Jamais je n'avais vu cela, murmura-t-elle, enchantée.

— Ces fleurs sont très rares.

— Elles sont extraordinaires...

Et, de fait, elle s'illumina d'un sourire ravi en voyant d'autres fleurs s'épanouir tout autour d'eux dans le jardin.

— Toute la végétation qui se trouve ici fleurit la nuit, expliqua Donovan.

— Je comprends. Des fleurs de jour ne vous apporteraient aucun plaisir.

— Exactement, acquiesça-t-il.

Puis, alors qu'elle réprimait un bâillement, il ajouta :

— Mais il est tard. Vous avez eu une journée éprouvante. Vous devriez vous reposer.

— Bah ! j'aurai bien le temps de faire la grasse matinée demain matin. Promenons-nous encore, s'il vous plaît.

Il se leva et lui reprit la main. Ils déambulèrent un moment dans le jardin, admirant les fleurs, la fontaine, savourant le plaisir de marcher ainsi ensemble dans ce cadre idyllique. Puis ils revinrent vers la bibliothèque.

Alors que Donovan refermait la porte-fenêtre, Rachel céda à une brusque impulsion.

— Donovan...

Il suspendit son geste, se retourna et haussa un sourcil interrogateur.

— Oui ?

— Comment faites-vous pour rester seul ?

— Je vous l'ai déjà dit. J'aime la solitude, et puis j'ai quelques amis de par le monde...

— Non, je ne pensais pas aux amis...

— Alors à qui ?

Elle baissa les yeux.

— Je veux dire... Depuis un siècle, vous n'avez jamais eu de... de femme ?

Il soupira.

— Vous posez de bien étranges questions, Rachel. Pourquoi voulez-vous savoir cela ?

— Désolée, fit-elle en forçant un sourire. Je me mêle de ce qui ne me regarde pas. Mais comme vous m'avez dit que vous parleriez de vous...

— J'ai eu tort, contra-t-il d'un ton sec avant de lui agripper le bras.

Il semblait énervé, tout à coup. Ou plutôt furieux, se dit Rachel en estimant préférable de ne pas lui résister.

Elle se laissa donc entraîner vers le couloir, non sans avoir remarqué qu'il avait oublié de verrouiller la porte-fenêtre.

9.

Je me rendais bien compte de ce qu'elle essayait de faire. Elle cherchait à m'émouvoir. Elle voulait m'attendrir, pour que j'accepte finalement de la laisser partir. Elle voulait me tourner la tête pour que j'oublie le risque que je prendrais en lui faisant confiance. Voilà ce qu'elle recherchait !

Elle se fourvoyait, bien sûr. Ma longue solitude m'avait appris la prudence. Je refusais d'avoir des sentiments pour qui que ce soit.

Néanmoins, je ne pouvais nier que je la désirais. Sur ce plan, elle avait réussi à me séduire, à m'envoûter totalement. Mais ce n'était pas le résultat d'une tactique de sa part. J'avais envie d'elle depuis le premier instant où je l'avais aperçue sur le seuil du pub. L'adorable petite fille d'autrefois était devenue une femme adulte éblouissante.

Je la raccompagnai à sa chambre. En y arrivant, j'entrai derrière elle.

Elle se tourna, l'air inquiet, en m'entendant refermer la porte sur moi.

— Dites-moi, Rachel, déclarai-je d'un ton autoritaire, pourquoi voulez-vous savoir si j'ai eu ou non des femmes depuis un siècle ? Cela vous regarde ?

Elle eut une moue embarrassée.

— Je vous ai demandé pardon. J'étais juste curieuse.

— Je crois qu'il y avait plus que de la curiosité, dans cette question.

Je m'avançai vers elle. Rachel recula, un peu effrayée.

— Je ne vois pas ce que vous voulez dire, balbutia-t-elle.

— Mais si. Vous jouez un jeu très dangereux, répliquai-je, menaçant. Mais vous ne semblez pas mesurer le risque que vous courez ici, avec moi.

— Mais je pensais seulement...

— Puisque vous êtes si curieuse au sujet de ma vie sentimentale, pour ne pas dire ma vie sexuelle, l'interrompis-je, je vais vous en parler. Sachez d'abord que faire l'amour avec un vampire est une expérience inoubliable. Sans commune mesure avec ce qu'un mortel peut vous faire ressentir.

J'eus la satisfaction — un peu perverse, je l'avoue — de la voir rougir.

— Je ne veux pas entendre cela, marmonna-t-elle.

— Vous m'avez interrogé. Ayez le cran d'écouter ma réponse.

Elle baissa les yeux, secouant la tête.

Je projetai ma volonté télépathique vers elle. Cette fois, comme elle était affaiblie par mon attaque verbale, je réussis à prendre le contrôle de son esprit sans difficulté.

— Approchez, dis-je. Venez jusqu'à moi.

Elle écarquilla les yeux, l'air stupéfait, en se voyant marcher vers moi comme si son corps désobéissait à son cerveau.

Elle s'immobilisa devant moi, tout près, la tête rejetée en arrière, les yeux pleins d'effroi — et de désir, aussi. Je la sentais émoustillée par ce qui se passait entre nous. Et je compris soudain mon erreur. Elle avait obéi à mon ordre mental non pas parce qu'elle était affaiblie, mais parce que, au fond d'elle-même, elle « voulait » venir vers moi !

Je levai une main, lui caressai doucement la joue, puis le cou. J'immobilisai mes doigts sur sa jugulaire, savourant la vibration ardente que j'y percevais. Un flot de désir m'envahit, me secouant de la tête aux pieds.

Ma main descendit plus bas, vers l'échancrure de son

chemisier, puis entre ses seins. Elle frissonna. Elle inspira fortement entre ses lèvres mi-closes, et quand ma main glissa plus bas, entourant son téton durci par le désir, nous tremblâmes tous deux, encore une fois.

Ma propre réaction me stupéfiait. Cette femme me faisait un effet extraordinaire. J'étais incapable de résister au plaisir de la toucher. Initialement, j'avais eu l'intention de l'effrayer, de lui montrer que c'était moi qui avais de l'ascendant sur elle. Et voilà que je découvrais que j'étais soumis au pouvoir de sa féminité et de ses beaux yeux !

Et la situation ne cessait de s'aggraver. L'atmosphère, autour de nous, devenait électrique.

— Donovan, s'il te plaît..., murmura-t-elle.

Que me demandait-elle ? D'arrêter ? J'essayai d'écarter ma main, mais sans succès. Le bonheur que j'éprouvais à caresser son sein était si fort que j'en avais le vertige.

— Embrasse-moi, chuchotai-je.

Elle se hissa sur la pointe des pieds. Ses lèvres, un peu tremblantes, déposèrent un baiser sur les miennes, puis s'entrouvrirent... Nos bouches alors s'unirent avec fougue. Je me penchai sur elle et l'enlaçai passionnément tandis qu'elle nouait les bras autour de ma taille.

Notre baiser acheva d'anéantir mes résistances. Quand nos lèvres se séparèrent, je ne pensais qu'à une seule chose : assouvir mon envie. Me jeter sans retenue dans une étreinte inoubliable avec Rachel.

Nos cœurs battaient la chamade à l'unisson, trop vite, trop fort...

— J'ai contrôlé ton esprit pour que tu viennes jusqu'à moi, déclarai-je afin de rompre le charme. Mais n'aie pas peur, Rachel...

Elle fronça les sourcils, perplexe, alors que je précisais :

— ... je ne pourrai jamais te forcer à quoi que ce soit. Tu es une femme indépendante et volontaire. Tu es venue parce que tu le voulais.

Ayant dit cela, je la lâchai et rompis le lien télépathique que j'avais établi avec elle.

Une expression intense, où se mêlaient colère et désir, se peignit sur son visage.

— Sadique, murmura-t-elle. Tu as cherché à m'humilier, alors ? C'était ça, ton but !

— Non. Je... Je voulais juste te montrer que ta séduction n'arriverait pas à me fléchir. Tu ne pourras pas me manipuler, et je ne te laisserai pas partir...

Elle grimaça.

— C'est ça que tu penses ? Que je voulais te manipuler ?

— J'ai du désir pour toi, je le reconnais, continuai-je. Mais pas de sentiments. Si tu insistes pour m'exciter, je te ferai l'amour. Mais n'attends rien de plus.

Elle me fusilla du regard.

— Tu as tort de croire que je cherchais à te séduire pour te réduire à ma merci. C'est stupide ! Aussi ridicule que de croire que tu as pu me forcer à venir vers toi. D'ailleurs, moi aussi j'ai certains pouvoirs... Regarde...

Et, joignant le geste à la parole, elle retira son chemisier, cambra les reins. Ses seins ronds et pleins, superbes, s'offrirent à ma vue comme deux fruits de paradis.

— Caresse-moi, murmura-t-elle en me prenant une main pour la guider vers sa poitrine.

Ma paume se referma sur le galbe d'un mamelon dressé. Je défaillis presque. Une vibration chaude parcourut mon corps, comme si mon désir émergeait d'un volcan qui se réveillait après... des siècles d'inactivité. Je songeai que je devais tourner les talons et partir, avant qu'il ne soit trop tard. Mais c'était un vœu pieux. Ma main caressait le sein offert comme si elle agissait de son propre chef, et les sensations qu'elle me communiquait me terrassaient ! Je fermai les yeux, vaincu.

Rachel se serra contre moi, et je la sentis rejeter la tête en arrière, m'offrant son cou. J'ouvris les yeux. Sa peau satinée et douce était là, tout près de ma bouche.

— Alors, tu vois ? murmura-t-elle. Moi aussi, je fais de toi ce que je veux. Et si mon intention était de t'embobiner pour mieux te fuir, j'aurais su depuis longtemps aboutir à mes fins.

Et, là-dessus, elle recula tout à coup, s'écartant de moi, me laissant en plan devant la porte, les bras ballants, haletant, ivre de désir.

— Tu as eu tort de me provoquer, marmonnai-je.

Je me jetai presque sur elle, l'enlaçai farouchement, pressant son corps de femme contre le mien. Je penchai la tête et plongeai mes dents dans la peau tendre du cou.

Elle haleta, se raidit, puis, comme je la tenais fermement et tirais d'elle son précieux liquide de vie, elle s'abandonna entre mes bras dans un râle d'extase.

— Oui... Ouiiiiii.

Je me retirai rapidement. Ma soif n'était pas étanchée, j'avais juste goûté son précieux sang. Mais je craignais d'aller trop loin si je n'arrêtais pas maintenant.

Elle tendit la main et me caressa l'entrejambe, flattant la dure preuve de mon désir. Je n'y tenais plus.

Mais non, non! pensai-je. Il ne fallait pas aller plus loin. Je ne devais pas la prendre. Pas maintenant. Pas comme ça.

Car je venais de réaliser une chose qui me terrifiait. Dans mon attirance pour elle, il n'y avait pas que du désir. Il y avait autre chose... Une chose que je ne pouvais encore définir...

Je plongeai mes yeux dans les siens, et vis qu'elle n'avait absolument pas peur. Alors que moi, j'étais terrifié!

Un sourire langoureux aux lèvres, comme si elle sentait mon indécision et s'en délectait, elle déboutonna sa jupe.

Le vêtement tomba autour de ses pieds, et elle apparut nue devant moi.

— Non, il ne faut pas, balbutiai-je.

— Toi aussi, tu en as envie, protesta-t-elle.

— Oui. Je veux te prendre, unir mon corps au tien. Mais j'ai envie de boire à ta gorge succulente, Rachel, murmurai-je pour tenter de la dégoûter de moi.

— Tu ne me feras jamais de mal, j'en suis sûre.

Je la regardai avec effroi.

— Mais si, justement! Tu ne te rends pas compte...

— Tu ne me feras jamais de mal, répéta-t-elle avec une assurance qui me laissa pantois.

Mais comme elle posait les mains sur ma poitrine pour déboutonner ma chemise, j'agrippai ses poignets.

— Arrête, Rachel ! ordonnai-je.

Mon ton tranchant la figea. Tandis qu'une expression blessée, d'insupportable humiliation, se peignait sur son beau visage, mon cœur se contracta dans ma poitrine.

Puis elle me tourna le dos.

Alors, ne sachant plus que dire, je quittai la chambre.

Terrassée de honte, Rachel se jeta sur le lit, les poings crispés de rage à la pensée que ce monstre d'arrogance l'avait poussée à se comporter aussi sottement.

Mais elle savait bien que ce n'était pas vrai. Il ne l'avait contrainte à rien du tout. Elle avait agi de son propre chef. Au début, bien sûr, c'était lui qui avait commencé, cherchant à lui prouver qu'il la dominait. Elle n'avait ensuite eu d'autre choix que de lui rendre la pareille, pour rétablir l'équilibre entre eux, en lui montrant le pouvoir de la femme.

Mais après ? Pourquoi diable s'était-elle jetée sur lui, sans la moindre dignité ? Mue par son seul désir, elle n'avait plus pensé qu'à s'unir à Donovan ! C'était insensé ! Jamais, pourtant, jamais elle ne s'était comportée ainsi avec aucun homme.

Il l'avait repoussée. Brutalement. Elle était humiliée. Comment pourrait-elle le regarder en face, maintenant ? Qui était donc cette femme qui occupait son corps depuis qu'elle avait rencontré Donovan ? Elle ne se reconnaissait plus !

Elle devait absolument sortir d'ici, quitter ce château sans plus attendre. Il ne fallait pas qu'elle reste auprès de lui, car en sa présence elle n'était plus elle-même.

D'ailleurs, d'où lui venait cette idée absurde qu'ils étaient faits l'un pour l'autre, que Donovan était son ange gardien, qu'ils pouvaient s'aimer ? se demanda-t-elle, ironique. Fantasme de petite fille ! Rêve naïf de femme inexpérimentée ! Bêtise !

Elle se redressa, séchant ses yeux humides. A la vue de ses vêtements éparpillés sur le sol, elle se sentit rougir, mortifiée à la pensée qu'elle s'était « réellement » déshabillée devant lui, toute honte bue, sans plus songer à rien. Non, vraiment, cela ne lui ressemblait pas !

A présent, elle n'avait d'autre solution que de partir.

Elle se rhabilla, ouvrit la porte et scruta le couloir. Donovan ne s'y trouvait pas. Mais, quelque part dans le château, elle entendait de la musique. Elle marcha jusqu'à l'escalier qui aboutissait au grand salon, tendit l'oreille... Oui, c'était là, en bas — de la musique symphonique diffusée à plein volume. Beethoven. De la fougue et de la violence.

Elle descendit sur la pointe des pieds et s'immobilisa dès qu'elle aperçut Donovan, assis dans un fauteuil face à une cheminée, le regard perdu dans le vague, l'air maussade.

Elle remonta et traversa le château pour rejoindre la bibliothèque. Plusieurs fois, elle regarda par-dessus son épaule, craignant d'apercevoir le vampire juste derrière elle. Mais, heureusement, il semblait trop accaparé par ses pensées pour songer à la surveiller. Elle avait envisagé de ne partir que le lendemain, pendant qu'il dormirait. Mais vu ce qui s'était passé, elle ne pouvait plus attendre.

Elle porta une main à son cou, là où il avait percé la chair avec ses incisives. Le seul souvenir du plaisir qu'elle avait éprouvé pendant qu'il buvait son sang suffisait à la faire trembler, à raviver son désir.

Elle s'immobilisa dans le couloir, appuyant le front contre la pierre froide du mur, inspirant profondément. Elle désirait Donovan comme jamais elle n'avait désiré aucun homme. Et elle pensait du fond du cœur qu'ils pouvaient se rejoindre, se comprendre... et plus encore.

Mais cela n'arriverait jamais. Il ne voulait pas nourrir de sentiments pour elle, il l'avait dit et répété. A quoi bon espérer ?

Carrant les épaules, elle se remit à marcher, arriva bientôt à la bibliothèque. Jetant un dernier regard par-dessus son épaule, elle ouvrit la porte-fenêtre. Comme elle l'avait constaté, Donovan avait oublié de verrouiller le battant.

Un instant plus tard, elle s'élançait dans l'allée principale du jardin, ce jardin de poète qui lui prouvait que Donovan avait le cœur et l'âme sensibles.

Refoulant ces pensées troublantes, elle fit le tour de la propriété, accélérant peu à peu le pas, finissant presque par courir. Bientôt, elle rejoignit la route qui descendait au village en sillonnant les bois et les champs.

Libre ! Enfin, elle était libre !

Ce fut alors qu'elle entendit les aboiements furieux d'une meute de chiens.

10.

Au milieu des aboiements, des hommes criaient.

Soudain, Rachel comprit.

Les chiens de Marney Neal ! songea-t-elle, éperdue. Des bêtes qu'il formait spécialement pour la chasse. Mais non pour la chasse au gibier — la chasse à l'homme, la chasse au criminel ! Il les entraînait spécifiquement dans ce but. Mais pourquoi venaient-ils dans la direction du château ? Pour Donovan ?

Ivre de peur, elle vit les chiens apparaître en contrebas, dans un virage de la route. Ils couraient à perdre haleine — dans sa direction ! Elle tourna les talons et se précipita vers la forêt. Hélas les arbres ne la protégèrent guère de ces sales bêtes, beaucoup plus rapides qu'elle. L'un des animaux la rattrapa en quelques secondes, hurlant, la bave aux lèvres, et se jeta sur elle...

Rachel bascula en avant. Instinctivement, elle se retourna sur le dos en tombant. Le chien, déjà, prenait son élan pour lui sauter à la gorge, montrant les crocs...

Et puis, tout à coup, il fut brutalement tiré en arrière et projeté dans les airs. Il retomba dix mètres plus loin en poussant un cri plaintif.

Rachel écarquilla les yeux en voyant Donovan apparaître dans son champ de vision. Il tenait à la main un bâton avec lequel il frappait les autres chiens, qui l'assaillaient maintenant de toutes parts.

— Pars ! cria-t-il. Remonte au château. Vite !

Un animal réussit à le mordre au bras. Le tissu de la chemise se déchira, puis du sang jaillit. Donovan cogna la bête, qui recula mais repassa aussitôt à l'attaque.

Tremblante, terrifiée, Rachel se leva et se dirigea en titubant vers la route. Mais, soudain, elle vit plusieurs chiens se jeter sur Donovan. Ils réussirent à le faire tomber à genoux, et l'un d'eux planta ses crocs dans la chair de son ventre.

Eperdue, Rachel se mit à leur jeter des cailloux dans l'espoir de détourner leur attention.

— Ici, les chiens ! Ici ! Venez par ici !

Un animal s'élança vers elle, montrant les dents.

— Venez sur moi ! cria-t-elle encore avant de courir vers la route.

Cette fois, ils abandonnèrent Donovan pour la pourchasser.

Elle réussit à atteindre la chaussée, mais les chiens se rapprochaient inexorablement.

Par chance, les hommes étaient apparus dans le virage.

— Marney ! s'égosilla-t-elle. Rappelle tes chiens !

— Bon Dieu, c'est Rachel ! s'exclama quelqu'un.

Les animaux se jetèrent sur elle, et elle tomba de nouveau à terre.

Heureusement, aux ordres impérieux de leur maître, les chiens obéirent instantanément. D'un seul coup, ils s'écartèrent d'elle et s'assirent sur la chaussée, aussi dociles que des chiots.

Marney Neal, dont l'haleine empestait la bière, se pencha vers elle pour l'aider à se remettre debout.

— Rachel, pour l'amour du ciel, où étais-tu passée ? On se faisait un sang d'encre pour toi ! Es-tu blessée, ma jolie ?

Elle se redressa, carrant les épaules.

— Bon sang, qu'est-ce que tu fiches par ici avec tes chiens, Marney ? Je devrais te faire enfermer par la police !

— Mais c'est pour toi que je suis venu, ma poupée ! protesta-t-il en la déshabillant du regard. Tu avais disparu, et on pensait que ce type, là, O'Roark... On pensait qu'il t'avait enfermée chez lui !

— Qu'est-ce que c'est que ces sottises ? Tu es fou !

Elle épousseta ses vêtements, et en profita pour jeter un coup d'œil discret en direction de la forêt où Donovan se trouvait probablement encore.

— Mais non, Rachel, répliqua Marney. C'est le même Donovan qu'autrefois. C'est un monstre. Alors maintenant, je viens ici tous les soirs avec les chiens pour m'assurer que ce salopard reste dans son château et ne descend pas faire de nouvelles victimes dans le village.

— Tu n'es qu'un imbécile superstitieux, Marney. Donovan O'Roark est un homme inoffensif.

— Alors, qu'est-ce que tu fiches ici, sur cette route perdue, à cette heure-ci ? Et où étais-tu passée depuis deux jours ?

Elle soutint le regard méfiant sans fléchir.

— Rappelle-toi que j'ai refusé de t'épouser, Marney. Je n'ai pas à te rendre de comptes sur mes allées et venues.

— Tu étais au château, marmonna-t-il. C'est ton amant ?

— C'est un ami. J'étais invitée chez lui, voilà tout. Demande à Mary, au pub. Elle sait que je fais des recherches sur la légende de l'ancien Donovan O'Roark. Et ce monsieur, là-haut, a proposé de m'aider dans mon travail.

— Bien voyons ! ponctua Marney d'un ton sarcastique. En tout cas, je suis bien content de te revoir. Reviens avec moi au village.

Elle réprima son envie de regarder vers les bois, pour ne pas éveiller la curiosité de son interlocuteur.

— Non. Je dois retourner au château. Dis à Mary que je vais bien, et que je reviens bientôt.

— Pas question, répliqua-t-il, les mains sur les hanches.

— Ecoute, Marney, si tu ne rentres pas illico avec tes chiens, je porterai plainte contre toi ! déclara-t-elle d'un ton furieux. Je te jure que je ne plaisante pas. Tes sales bêtes ont failli me tuer, ce soir. Tu sais qu'on pourrait les faire abattre pour moins que ça.

— Tu ne ferais pas...

— Je te jure que si. Fiche le camp, à présent, ou je te fais jeter en prison.

Il grimaça.

— Tu as changé, Rachel. Ton séjour aux Etats-Unis t'a transformée. Ou bien c'est ce monstre, au château...

— Je suis une femme adulte. Désormais, personne ne gouvernera ma vie.

— Parfait. Jette-toi de la falaise si ça t'amuse! Mais crois-moi, ce type est plus dangereux que mes chiens!

Rachel attendit que les hommes et les chiens soient hors de vue, pour se précipiter dans la forêt. Elle trouva Donovan assis par terre, le visage tordu par la douleur.

— Comment te sens-tu? demanda-t-elle.

Il leva vers elle des yeux pleins d'étonnement.

— Tu n'es pas partie avec eux?

— J'aurais dû? marmonna-t-elle.

Elle déchira le bas de sa jupe en plusieurs bandes et en entoura les principales blessures de Donovan, au bras et au ventre, pour stopper les hémorragies.

— Tu peux te lever? marcher? demanda-t-elle.

Il réussit à se redresser, et Rachel rassembla toutes ses forces pour le soutenir. L'agrippant par la taille, elle l'entraîna vers le château, préférant passer par la forêt plutôt que d'emprunter la route, certes plus directe, mais moins sûre.

— Il y a un petit chemin, là, à gauche, bafouilla-t-il d'une voix rauque de douleur. C'est un raccourci.

Elle obliqua dans la direction qu'il indiquait.

— Pourquoi? murmura-t-il. Pourquoi as-tu...?

— Epargne-moi ces questions idiotes, Donovan.

Il s'appuyait sur elle de tout son poids. Il était près de l'évanouissement.

— Tu étais libre. C'était ce que tu désirais, balbutia-t-il.

— Je voulais ma liberté, oui. Mais pas au prix de ta vie, Donovan, répondit-elle avec conviction. Quand je pense que tu t'es jeté sur ces chiens pour me sauver... Ne me redis plus jamais que tu es incapable de compassion ou de sentiments réels...

— Si, c'est la vérité...

— Ah oui? Alors pourquoi as-tu risqué ta propre vie pour préserver la mienne?

Comme il se taisait, elle reprit :

— En fait, tu n'es ni égoïste ni amoureux de ta solitude. Tu es au contraire très généreux, et tu souffres de ton isolement. Maintenant, je ne veux plus entendre tes mensonges absurdes. J'ai percé à jour le masque que tu essaies de porter, Donovan. Ne joue plus avec moi.

— Tu crois ce qui t'arrange, protesta-t-il. Tu te trompes.

Inquiète de le voir se tordre de douleur, elle tâta le garrot à l'aine et y sentit un épanchement de sang incroyable.

— Nom d'un chien ! s'exclama-t-elle Pourquoi saignes-tu autant ? Les plaies ne sont pourtant pas si profondes.

— Les vampires saignent abondamment, toujours. C'est une des choses qui peut nous tuer.

— Et le soleil en est une autre, murmura-t-elle en levant les yeux vers le ciel.

— Ne t'inquiète pas. L'aube est encore loin, gémit-il. Trop loin, malheureusement. Car c'est seulement pendant mon sommeil diurne que mes plaies guériront. D'ici là...

— D'ici là, je serai avec toi et je ferai en sorte que tu tiennes le coup, assura-t-elle.

Je n'en revenais pas. Elle tint promesse. Elle fit exactement ce qu'elle avait annoncé !

Ma captive rebelle et insoumise s'était soudain changée en une compagne attentive et déterminée — qui dépensa son énergie sans compter pour me sauver. Au château, elle me fit allonger sur un des canapés du grand salon, puis me demanda de lui confier le secret du verrouillage de la porte d'entrée, que j'avais ouverte moi-même.

— Pourquoi veux-tu savoir cela ? demandai-je.

— Pour empêcher Marney Neal d'entrer ici. Tu l'ignores peut-être, mais c'était toi qu'il visait avec ses chiens.

J'obtempérai et lui expliquai comment sécuriser la porte. Un instant plus tard, elle revint auprès de moi. Elle s'agenouilla devant le canapé et déchira ma chemise, mettant à jour sur mon ventre une entaille qui saignait abondamment. Les autres blessures étaient moins graves en comparaison de celle-là, qui pouvait m'achever.

Suivant mes instructions, elle courut chercher des pansements qu'elle appliqua sur la plaie, en vue d'endiguer le flot de sang.

— Pourquoi a-t-il fallu que tu reviennes dans la région, Donovan ? marmonna-t-elle. Il doit pourtant y avoir des endroits dans le monde où tu es en sécurité !

— En effet, il y en a, répondis-je en posant les yeux sur la cheminée devant laquelle nous avions l'habitude, Dante et moi, de passer de longues soirées en discutant de mille choses. Mais ce lieu... a beaucoup d'importance pour moi. Et j'aime l'Irlande.

— Je comprends, mais tout de même...

— Toi aussi, tu es revenue. En dépit de l'étroitesse d'esprit des gens d'ici. En dépit de Marney Neal...

Elle releva soudain la tête.

— Comment es-tu au courant de ça ?

— Oh, j'ai entendu dire certaines choses. Et j'avoue que je suis heureux que tu n'aies jamais songé à épouser ce fumier. Ce soir, précisai-je en souriant, tu as bien failli l'étrangler sur place, n'est-ce pas ?

— Il a eu de la chance que j'ai dû revenir m'occuper de toi, acquiesça-t-elle en posant un dernier pansement sur mon bras. Mais réponds-moi franchement : tu es au courant, pour Marney, parce que tu m'as observée par le passé, n'est-ce pas ?

J'en conclus qu'elle savait. Je m'en doutais depuis longtemps, mais elle me donnait là la confirmation que j'attendais et redoutais à la fois : ainsi, chaque fois que je l'avais observée à distance, prêt à intervenir pour l'aider au besoin, elle avait senti ma présence. Elle avait capté les signaux télépathiques de son protecteur. Cela signifiait que notre lien psychique était très fort, et depuis très longtemps.

— Est-ce toi qui m'as sauvée de la noyade, quand j'étais petite ? demanda-t-elle d'un ton ému.

Je baissai les yeux.

— Et une autre fois, après le décès de mes parents, tu es venu me voir, reprit-elle d'une voix fêlée. C'était bien toi, n'est-ce pas ? Tu m'as dit que tu étais mon ange gardien et que je ne devais jamais avoir peur, car tu serais toujours là, pour moi...

— Oui, c'était moi, avouai-je.

— Te rends-tu compte du bonheur que tu m'as apporté, Donovan ? Sais-tu ce que tu signifiais pour moi, quand j'étais enfant ? Grâce à toi, j'ai réussi à surmonter mes peurs de petite fille, j'ai réussi à faire le deuil de mes parents... Parce que je savais que j'avais quelqu'un, quelque part, qui veillait sur moi, et sur qui je pouvais compter. Tu m'as sauvé la vie, tu sais ?

— Je ne pensais pas que mes interventions avaient été aussi déterminantes.

— Ne l'oublie jamais, Donovan. Et demande-toi comment un monstre égoïste et incapable de sentiments a pu apporter tout cela à une petite fille.

Je secouai la tête.

— Tu ne comprends pas, balbutiai-je.

— Quoi donc ? Explique-moi !

Je me tournai sur le côté pour lui permettre de s'asseoir à côté de moi sur le canapé. Comme je bougeais, elle s'assura que la blessure de mon ventre ne se rouvrait pas. Le flot de sang semblait tari. Il fallait espérer que cela resterait ainsi jusqu'à ce que je m'endorme.

— Voilà..., commençai-je avec hésitation. D'abord, tu dois savoir que seuls certains mortels ont la possibilité de devenir vampires.

Elle acquiesça, attentive.

— Quand j'étais mortel, j'avais dans le sang un élément très rare, qui s'appelle la Belladone. Cet antigène faisait de moi, comme il fait de tous les mortels qui le possèdent, ce que nous appelons un Elu.

— C'est fascinant, murmura-t-elle. J'ignorais cela.

— Quand les Elus deviennent vampires, ils acquièrent, entre autres pouvoirs, la faculté de... de sentir, pourrait-on dire, les humains qui possèdent la Belladone. Dante, par exemple, avait perçu la Belladone en moi. Et ce n'est pas tout. Entre chaque vampire et un certain Elu, il se crée une sorte de... lien, de connexion très forte. Chaque Elu, si tu veux, est lié psychiquement à un immortel donné. Pour le vampire, cela signifie qu'il est attiré par l'Elu de façon irrépressible.

— Toi, donc, tu étais l'Elu de Dante ?

— Oui. Je l'ignorais quand j'étais mortel, bien sûr. Mais toute ma vie, jusqu'au moment de ma transformation, il a constamment veillé sur moi. Quand j'avais besoin d'aide, il venait à mon secours.

Elle fronça les sourcils.

— Tu ne me crois pas ? fis-je.

— D'après la légende, Dante t'aurait attaqué un soir, sur la route, alors que tu rentrais seul au village. Et c'est à cet instant qu'il t'aurait transformé en vampire. C'est ça que tu appelles de la protection ?

— J'allais mourir, dis-je simplement.

— Quoi ?

— Je l'ignorais, à ce moment-là, bien sûr. Mais Dante savait ce qui m'arrivait. Depuis des semaines, je souffrais de symptômes étranges : de nausées, de vertiges, de périodes de faiblesse incompréhensibles. Je croyais que c'était une maladie passagère. Mais je me trompais.

— Comment peux-tu en être sûr ?

Je préférai ne pas répondre, estimant qu'il eût été cruel de lui révéler si tôt que les mortels dotés de la Belladone meurent très jeunes s'ils ne deviennent pas vampires.

— J'en suis sûr, voilà tout, affirmai-je.

Elle plissa les yeux.

— O.K. Admettons. Tu serais mort s'il n'avait pris la décision de te changer en immortel, c'est ça ?

— Sans aucun doute.

Elle eut une moue songeuse.

— Mais il aurait pu te donner le choix. Pourquoi ne t'a-t-il pas demandé si tu voulais devenir vampire ?

Je souris.

— Dante était un homme impulsif. Il agissait d'abord, il réfléchissait ensuite. Mais ce n'est pas la raison principale de son silence. S'il m'avait expliqué la situation, j'en aurais probablement parlé autour de moi, au village. J'étais aussi superstitieux que toute ma famille, à ce moment-là. Je ne l'aurais pas cru.

Elle se pencha et m'aida à me débarrasser des lambeaux de ma chemise déchirée et ensanglantée. Puis je vis dans ses yeux qu'elle venait de faire le rapport entre tout ce que je venais de lui raconter et son propre cas.

— Cette Belladone, j'en suis dotée moi aussi... Je suis un... une Elue ?

— Oui. Tu es la mortelle vers laquelle j'ai été attiré. Tu fais partie de moi, Rachel, de ma nature profonde. Ne pense pas que je suis animé par de nobles motivations. Il s'agit juste d'une pulsion irrésistible. Même si je le voulais, je ne pourrais pas t'ignorer.

— Alors, quand tu m'as secourue, contre les chiens... ?

— C'était un pur réflexe.

Elle baissa les yeux, l'air dépité.

— Je ne suis pas sûre de te croire.

— Pourquoi pas ?

— Parce que...

Elle haussa les épaules.

— Parce que je ne crois pas à cette prétendue fatalité du vampire contraint de protéger son Elu. On a toujours le choix. Pour te jeter entre les griffes de ces animaux furieux, il a fallu que tu acceptes le risque de mourir.

Elle désigna le salon d'un geste las.

— Et pour revenir ici, dans la région, il a fallu que tu y réfléchisses et que tu te décides à tout abandonner, ajouta-t-elle.

— Je suis revenu à cause de toi, insistai-je. En partie du moins. C'est aussi pour Dante que j'ai choisi de me réinstaller au château.

— Dante est mort.

— Oui. Mais j'avais envie de revenir ici...

Elle me considéra quelques instants d'un regard si tendre que je dus détourner les yeux.

— Comment est-il mort, exactement ? s'enquit-elle.

— Les villageois venaient de mettre le feu au château. Nous aurions pu les vaincre, mais...

— Ils étaient trop nombreux ?

— Non. Ce n'est pas ça. Nous sommes très forts, Rachel. Nous possédons des pouvoirs surhumains. Nous aurions pu nous battre et les terrasser, mais nous savions qu'en se levant, le soleil allait nous embraser. Alors, nous avons dû prendre la fuite, chacun de notre côté. Moi, j'ai réussi à atteindre la rivière où j'ai plongé pour éteindre les flammes qui commençaient à me consumer. J'y suis resté jusqu'à la tombée de la nuit.

— Dante, en revanche, a eu moins de chance.

— Nuit après nuit, pendant des semaines d'affilée, je suis retourné dans les ruines du château en espérant qu'il avait survécu et qu'il reviendrait lui aussi. Par la suite, quand je vivais à l'étranger, je suis souvent revenu dans la région incognito. Pour veiller sur toi, mais aussi dans l'espoir de le voir réapparaître. J'ai fait rebâtir le château... au cas où. Mais Dante n'est jamais revenu. Aujourd'hui, j'aimerais juste savoir à quel endroit il est mort.

— Que feras-tu, alors ? Tu lui dresseras une sépulture ?

— Je planterai un jardin, répondis-je avec un sourire mélancolique. Je planterai des fleurs et des arbres luxuriants, pour évoquer la vie qui était en lui.

Rachel me caressa la joue.

— Tu l'aimais beaucoup, observa-t-elle. Pourtant, tu affirmes que tu n'as de sentiments pour personne.

— Oui, je l'aimais. Et sa mort m'a donné une leçon que je ne suis pas près d'oublier.

Soudain, je me sentis exténué, comme vidé de mes forces...

— Si tu ne peux plus aimer quiconque, l'entendis-je répliquer, comment peux-tu continuer à vivre ?

— Oh, ce n'est pas si difficile que ça..., balbutiai-je avant d'être englouti par les ténèbres.

11.

Rachel regardait Donovan endormi. Il avait sombré dans le sommeil très profond propre aux vampires.

Une émotion intense l'étreignait. Donovan affirmait qu'il ne pouvait avoir de sentiments pour elle, ni pour personne. Il sous-entendait qu'il était incapable d'aimer, qu'il n'avait jamais aimé...

Eh bien, elle non plus n'avait jamais aimé. A une exception près. Depuis la mort de ses parents, il n'y avait qu'un seul être qu'elle avait réellement, sincèrement, immensément aimé : lui, son ange gardien. Mais elle n'avait pas osé le lui avouer ce soir.

Son ange gardien...

Il reposait maintenant devant elle, grièvement blessé, les vêtements déchirés et ensanglantés... Autrefois, il l'avait secourue, avait veillé sur elle. Maintenant elle pouvait lui rendre la pareille.

Elle se leva et monta dans sa chambre. Dans les placards de la salle de bains, elle trouva des serviettes propres, un gant de toilette, une bassine qu'elle remplit d'eau chaude. Elle redescendit auprès de Donovan.

Doucement, elle souleva les pansements du ventre, là où il avait sa plus grave blessure. La plaie ne saignait plus. Cependant, il avait le torse couvert de sang.

Elle mouilla le gant et commença à le nettoyer. C'était agréable de passer ainsi la main sur cette peau chaude, sur ce buste large et musclé...

Il en émanait une virilité si intense, si troublante qu'elle se sentit attirée par les pectoraux puissants, qui semblaient l'inviter à se coucher sur lui...

Elle se força à détourner les yeux, se concentra sur la tâche qu'elle s'était fixée : rincer le gant dans la bassine, l'essorer, continuer de nettoyer Donovan, essuyer la peau avec une serviette, en contournant les plaies...

Mais plus elle touchait cet homme, plus elle était troublée. Son cœur se mettait à battre plus fort. Une vibration douce, chaude, naquit au creux de son être, tandis qu'une pulsion agréable se répandait à travers son corps.

Sans plus résister, elle se pencha en avant, approcha le visage de la poitrine du vampire, savourant les frissons divins qui la parcouraient...

Mais pourquoi se laissait-elle aller ainsi ? Il avait dit et redit qu'il ne voulait pas éprouver plus que du désir pour elle ! Or, elle savait qu'elle ne pourrait se contenter de cela. Elle voulait aussi son cœur.

— J'ai envie de toi, Donovan, murmura-t-elle.

Mais il était blessé et ne l'entendait pas, se rappela-t-elle avant de songer à vérifier si la plaie au ventre ne s'était pas remise à saigner.

Elle souleva tout doucement le pansement, et... elle écarquilla les yeux.

— Seigneur...

L'entaille qui courait dans la chair avait rétréci... et continuait de rapetisser à vue d'œil. Comme dans un film aux effets spéciaux sophistiqués, les bords de la plaie se rapprochaient peu à peu, et la peau se régénérait.

En une minute ou deux, la cicatrisation fut complète. Il ne resta bientôt plus qu'une tête d'épingle de sang caillé qui se résorba aussi miraculeusement.

Le ventre de Donovan était désormais intact — comme s'il n'avait jamais eu de blessure !

Médusée, Rachel effleura la peau du bout des doigts.

— C'est incroyable, murmura-t-elle en posant la paume à plat sur le ventre guéri.

Tout à coup, la main du vampire couvrit la sienne. Elle

sursauta, craignant de l'avoir réveillé. Mais... Non, il avait encore les yeux fermés, il respirait doucement — il dormait.

Elle sourit. Il lui avait expliqué que, durant son sommeil, il ne pouvait réagir à aucune stimulation. Il venait pourtant de répondre à ses caresses ! Lui qui affirmait n'avoir besoin de personne dans sa vie, il s'emparait de sa main et l'étreignait comme s'il ne voulait pas qu'elle le quitte.

Mais il n'avait rien à craindre, car, pour rien au monde, elle ne s'éloignerait de lui.

En me réveillant, j'éprouvai une délicieuse sensation de chaleur sur la poitrine. Et quand mes sens se réactivèrent, je compris que cette chaleur émanait de Rachel.

Elle était assise par terre contre le canapé, et sa tête reposait sur mon ventre. Ses lèvres effleuraient ma peau. Son bras était tendu en travers de ma poitrine ; son autre main était dans la mienne, nos doigts noués ensemble.

Je relevai la tête, croyant souffrir d'hallucination. Mais non. C'était bel et bien ma main à moi qui serrait la sienne, et non le contraire !

Je songeai que je ne pouvais rester ainsi. C'était trop dur. Sa douce respiration qui caressait ma peau, sa chaleur moelleuse, son visage appuyé sur mon ventre — tout cela stimulait mon désir. Déjà, j'en avais le vertige.

En outre j'avais faim, ce qui exacerbait mon envie d'elle. Il fallait que je m'éloigne d'elle.

Ses doigts se déployèrent soudain sur mon épaule, puis remuèrent doucement, me chatouillant divinement la peau. Elle bougea la tête, et ses lèvres brûlantes glissèrent sur mon ventre. Je tremblai. Malgré moi, je poussai un grognement de désir. Si cela continuait, j'allais la prendre avant même qu'elle ne se réveille !

Ses paupières papillotèrent. Elle s'agita dans son sommeil, puis sembla revenir lentement à elle. Un sourire langoureux lui monta aux lèvres tandis qu'elle se redressait. Elle ouvrit les yeux et me regarda avec tendresse.

— Tu es guéri, murmura-t-elle.

— Oui. Je t'avais bien dit que le sommeil cicatrise toutes nos blessures.

— J'ai vu ça de mes propres yeux. C'était extraordinaire.

Je hochai la tête, essayant de ne pas penser qu'elle était plus charmante que jamais avec ses cheveux emmêlés et ses joues chiffonnées de sommeil.

Comme je me redressais en position assise, elle s'écarta pour me permettre de bouger sur le canapé. Je regrettai aussitôt que le contact fût rompu entre nos corps. J'avais envie que nous nous remettions ensemble, l'un contre l'autre. Mais à quoi bon ?

Elle se leva et s'étira, les mains sur les reins, grimaçant un peu. Je me rendis alors compte qu'elle avait dormi à même le sol et devait être tout ankylosée.

— Pourquoi n'es-tu pas allée dans ta chambre ?

Elle fit des moulinets avec ses bras.

— Eh bien... je ne voulais pas te laisser seul ici, si près de la porte, alors que tu étais inconscient et vulnérable.

Sa réponse me bouleversa. La porte était bien verrouillée ; je ne risquais rien. Rachel le savait. Cela voulait dire qu'elle était restée ici parce qu'elle en avait envie. Elle avait choisi de dormir près de moi.

Alors que cette pensée me rendait heureux, je pris un air dur pour couper court à tout attendrissement.

— Marney Neal pourrait forcer cette porte, Donovan, ajouta-t-elle en guise de justification. Il est capable d'ouvrir n'importe quelle porte. J'en sais quelque chose.

Je tiquai.

— Tu veux dire... qu'il a déjà forcé ta porte ?

— Hmm, acquiesça-t-elle. La porte de ma chambre, au pub. Il y a huit ans, avant mon départ pour les Etats-Unis.

A la pensée que ce rustre avait agressé Rachel, je crispai les poings.

— Ne fais pas cette tête d'assassin, Donovan, murmura-t-elle d'un ton amusé. En fait, Marney est un pauvre type, lourdingue mais inoffensif. Ce soir-là, il avait trop bu. Mais crois-moi, il a dessoûlé bien vite quand je l'ai propulsé par la fenêtre.

— Mais comment en as-tu eu la force ?

— Il tenait à peine sur ses jambes ! expliqua-t-elle en riant. Imagine la scène : il force ma porte, et il se met à me tripoter comme un cochon en rut, tout en me parlant d'amour et de mariage ! J'ai juste fait en sorte qu'il se place le dos à la fenêtre, et j'ai poussé un bon coup.

— Mais... à quel étage se trouve ta chambre ?

— Au second. Il a eu une double fracture du bras droit. Heureusement pour lui que la chaussée n'est pas goudronnée ! Il aurait pu se briser le crâne.

J'éprouvai soudain une admiration sans bornes pour Rachel. Hélas, ce sentiment ne fit qu'aggraver mon envie de la serrer dans mes bras.

— Aucun homme ne m'a jamais embrassée sans mon consentement. C'est une chose que je ne tolère pas.

— Je m'en doute, acquiesçai-je en souriant.

— C'est ce que j'apprécie chez toi, d'ailleurs, ajouta-t-elle. Je sais que tu me respecteras toujours.

Je secouai la tête.

— Ne recommence pas à me parer de qualités que je ne possède pas.

Elle haussa les épaules.

— Je meurs de faim. Pas toi ?

Puis, comme si elle se souvenait de notre différence de régime alimentaire, elle porta une main à son cou, là où j'avais déjà bu son élixir de vie. Les marques de morsure avaient disparu pendant la journée, elles aussi.

— Tu veux... ? proposa-t-elle.

— N'y songe même pas ! répliquai-je en arrachant mon regard de sa gorge magnifique. Va donc dans ta chambre, Rachel. Tu dois avoir envie de te doucher, de changer de vêtements.

— Mais toi... Comment vas-tu... te nourrir ?

— Je n'assassine pas d'innocents mortels, si c'est cela que tu veux dire. J'ai des réserves. Des poches en plastique pleines de sang, que je conserve au froid.

Elle se passa une main dans les cheveux.

— Mais tu as déjà bu à mon cou. Tu pourrais...

— Non. Je n'aurais jamais dû le faire.

— Pour moi, c'était...

Elle se tut. La lueur qui brillait soudain dans ses yeux en disait plus long que tous les discours.

— C'était divin, c'était l'extase, conclus-je à sa place. Oui, je sais, Rachel. C'est bien là qu'est le danger. C'est pour cela que les vampires sont si dangereux pour les humains. Tu as adoré ça. Tu as envie que ça recommence. Mais tu ne te rends pas compte que...

Je n'achevai pas ma phrase.

— Quoi ? insista-t-elle alors que je battais en retraite vers la cuisine. Dois-je comprendre que, si nous recommençons, cela renforcera notre lien, c'est ça ?

Je m'immobilisai, sans lui faire face.

— Laisse tomber, marmonnai-je.

Elle se rapprocha de moi, et ses mains se posèrent sur mes épaules.

— Tu as tort d'avoir peur du lien qui nous unit, me souffla-t-elle à l'oreille.

Agacé de cette insistance, je me dégageai et continuai mon chemin.

— Le problème n'est pas là !

Mais, nullement vexée, elle me rattrapa et me retint par le cou, appuyant le front sur ma nuque dans l'espoir de m'attendrir.

— Essaie de me faire confiance, Donovan. Si tu ne peux pas m'aimer, essaie au moins d'accepter que nous soyons... liés comme le vampire et son Elu doivent l'être.

Sur cette supplique, Rachel se tut. Elle n'osait lui demander d'accepter de s'ouvrir aux sentiments, de sonder son cœur pour découvrir ce qu'il éprouvait vraiment pour elle.

Elle rêvait de l'entendre dire qu'il l'aimait, bien sûr. Toute sa vie, elle avait attendu cet homme. Ils étaient faits l'un pour l'autre, elle en avait la certitude. Toute sa vie, elle avait attendu Donovan. Elle s'était réservée pour lui, corps et âme, rien que pour lui.

Mais il ne se retourna même pas vers elle. Sans mot dire, il continua son chemin.

Peut-être se trompait-elle, pensa-t-elle en le regardant s'éloigner. Peut-être n'y avait-il vraiment rien de possible entre eux.

Alors, non sans dépit, elle renonça à le poursuivre, tourna les talons et monta dans sa chambre.

Cette chambre de princesse, créée par Donovan pour la femme de ses rêves, l'amante qu'il n'avait jamais trouvée.

Je restai immobile, tremblant d'incertitude. Elle avait raison : j'avais peur de ce qui nous arrivait. Et, en même temps, j'avais tellement envie d'elle, tellement « besoin » d'elle, de sa chaleur, de sa douceur, que je ne pouvais résister à son appel.

Je m'approchai de l'escalier, levai les yeux vers la chambre où elle s'était réfugiée. Je la sentais là-haut, triste et désolée. De tout mon être, je voulais la rejoindre.

Je posai le pied sur la première marche, m'immobilisai, fermai les yeux, me répétai que c'était une très mauvaise idée, d'autant plus mauvaise que j'entendais le bruit de la douche, que je visualisais sans peine son corps sublime nu sous le jet, que je l'imaginais prête pour l'amour...

Mais quel homme pouvait être assez stupide pour se refuser une telle femme ?

— Pas moi, murmurai-je d'une voix rauque. Pas moi.

Alors, je montai l'escalier deux à deux.

12.

J'entrai dans la chambre sans frapper. Rachel se trouvait encore sous la douche. Je me déshabillai rapidement, puis pénétrai sans bruit dans la salle de bains.

Je m'approchai de la baignoire. A présent, il n'y avait plus que le rideau de plastique translucide qui séparât nos corps nus. Rachel debout sous le jet d'un côté, moi de l'autre tremblant de désir.

Soudain, l'eau cessa de couler. La main de Rachel agrippa le bord du rideau, et l'ouvrit. Elle se figea en me voyant. Ses yeux glissèrent sur mon corps et vacillèrent en se posant sur ma virilité, puis remontèrent jusqu'à mon visage.

Sans un mot, elle enjamba le rebord de la baignoire et se planta devant moi pour me couver d'un regard à la fois troublé et ardent.

Je la contemplai avec bonheur. L'eau ruisselait sur ses bras, ses épaules, ses seins et son ventre plat. Ses cheveux tombaient, humides et sensuels, autour de son visage, sur ses joues empourprées. Elle attendait que je fasse le premier geste. C'était à moi d'agir.

J'eus un doute. Allait-elle accepter ce que je voulais lui offrir ? Ou bien me rejeter ? Peut-être me fixait-elle sans rien dire parce qu'elle n'en revenait pas de mon outrecuidance ?

Je tendis une main pour lui caresser l'épaule, puis, d'une pression sur la nuque, l'attirai contre moi. Non seulement elle ne résista pas, mais elle se serra entre mes bras avec un soupir d'aise, et m'enlaça par le cou.

J'étais aux anges!

Poitrine contre poitrine, nous nous étreignîmes. Rachel rejeta la tête en arrière, m'offrant ses lèvres. Nous unîmes nos bouches, et, quand nos langues se mêlèrent, j'eus le sentiment d'entrer au paradis. Nous tremblions à l'unisson, nous devînmes fiévreux. Nous nous embrassâmes et nous couvrîmes de caresses qui annonçaient déjà le plaisir que nous avions l'intention de nous donner.

Je quittai ses lèvres pour l'embrasser dans le cou, savourer sa gorge succulente. Elle se cambra contre moi, s'offrant totalement. Je léchai les gouttes d'eau qui glissaient sur sa peau, les suivis vers sa poitrine, et, là, mordillai ses tétons durcis par le désir, avant de les embrasser avec passion.

Quand elle ne fut plus qu'un gémissement, je m'agenouillai, posai mes lèvres sur son ventre, doux, tiède et envoûtant, puis descendis vers le cœur de sa féminité. Alors, ma torture se fit délice pour elle comme pour moi, et ma langue la savoura jusqu'à ce qu'elle crie mon nom, s'ouvre et se cambre pour mieux s'offrir au plaisir que je lui donnais.

Elle trembla de tout son corps en poussant un long râle d'extase, et je dus me redresser pour la soutenir, tant elle chancelait sur ses jambes, sous l'assaut de la volupté.

Quand, recouvrant son équilibre, elle put de nouveau plonger ses yeux dans les miens, elle s'accrocha à moi, redressa une jambe pour l'enrouler autour de ma taille et m'inviter à l'union suprême.

Nos sexes se trouvèrent, impatients de s'appartenir, quand, les bras noués autour de mon cou, elle descendit lentement sur moi... Je perçus une résistance. J'allais m'en étonner, quand, d'un coup de reins, elle s'empala d'elle-même, me forçant à entrer complètement en elle.

Au petit cri de douleur qui lui échappa, je me figeai. Je tremblais en elle, je sentais son étroitesse me pousser vers la jouissance, mais je refrénais mon ardeur, heureux du cadeau qu'elle venait de me faire.

— Rachel...

— Chut, murmura-t-elle avant de se mettre à bouger sur moi, lentement, avec une sensualité incroyable, en frottant la rondeur de ses seins contre mes pectoraux.

Dos au mur, j'accompagnai ses mouvements, unissant nos bouches, tout en m'exhortant à patienter, à attendre qu'elle me rejoigne au bord du précipice de l'orgasme.

Soudain, elle rejeta la tête en arrière et, d'une main ferme, m'invita à approcher mes lèvres de son cou. J'étais la proie d'une fièvre si intense que je ne pus résister longtemps à ce qu'elle m'offrait.

— Prends-moi, Donovan, murmura-t-elle.

Je frissonnai en l'entendant, tant j'étais ému qu'elle comprenne d'instinct que l'appétit sexuel et l'appétit du vampire sont liés — que, satisfaits en même temps, ils permettent une jouissance inégalée.

Dans un soupir tremblant, j'entrouvris les lèvres, les refermai sur sa jugulaire, et, rapidement, mes incisives percèrent sa chair.

Elle haleta de volupté tandis que je pompais avec délectation l'essence de son être, et accélérais la cadence de notre étreinte.

Nous parvînmes ensemble au plaisir. J'arrachai ma bouche et criai mon bonheur tandis qu'elle me serrait en gémissant mon nom.

Quand les spasmes de nos corps enlacés s'apaisèrent, je me redressai pour la transporter vers le lit.

Mais, alors que j'allais la déposer, un frisson d'angoisse me saisit.

Sans doute intriguée, Rachel leva les yeux vers moi et me sonda jusque dans mon cœur. Alors, je compris avec effroi qu'elle m'habitait.

J'avais cru n'avoir que du désir charnel pour cette femme. Mais, maintenant qu'il était assouvi, je voyais qu'il y avait autre chose en moi. Je ressentais des émotions intenses et terrifiantes pour elle. Des émotions qui m'effrayaient d'autant plus que je devinais à présent qu'elles me possédaient depuis longtemps !

J'étais damné, perdu, comme Dante. J'avais donné à une femme le pouvoir de me détruire.

Et, loin de lui en tenir rigueur, je la déposai doucement sur le lit.

Elle me regarda, l'air de plus en plus déroutée, mais respectueuse du silence qui entretenait le charme.

Alors, elle me prit la main et m'invita à m'allonger à côté d'elle. J'étais si troublé que j'obtempérai sans protestation.

Les yeux fermés, Rachel savourait ce qu'elle éprouvait, sans oser le décrire de peur qu'il ne le prît mal. D'ailleurs, les mots savaient-ils exprimer la sensation de plénitude absolue qui l'envahissait maintenant ?

Elle avait l'impression d'avoir touché au but de son existence. Pour la première fois de sa vie, elle était heureuse, totalement heureuse.

Quant à Donovan... il avait dit qu'il refusait d'avoir des sentiments pour elle. Et elle voyait bien qu'il s'interrogeait négativement sur la tournure des événements. Mais elle préférait ne pas le brusquer.

En outre, c'était peut-être égoïste de sa part, mais elle voulait savourer encore et encore le bonheur d'avoir fait l'amour avec l'homme qu'elle aimait depuis toujours. Son plus cher désir avait été exaucé. Elle était comblée !

Ils restèrent un long moment sur le lit, enlacés, sans bouger, sans parler.

Puis, redoutant que la gêne ne finisse par s'installer entre eux, Rachel décida de rompre le charme.

— J'aimerais marcher un peu dehors, murmura-t-elle en se redressant. Tu veux bien ?

Il sourit.

— As-tu toujours autant aimé la nuit, Rachel ?

— Oui, répondit-elle sans hésitation. Et je crois que je l'aime de plus en plus.

Le voyant baisser les yeux et tirer le drap sur sa nudité, elle sentit son cœur se serrer.

Ainsi, ses craintes s'avéraient, songea-t-elle. Il était embarrassé par l'intimité nouvelle que leur étreinte avait fait naître entre eux. Maintenant que son désir était assouvi, il n'avait plus envie qu'elle le voie nu.

Elle se leva, ouvrit l'armoire et y choisit une robe blanche

— un vêtement digne d'une princesse, avec un décolleté plongeant.

Voilà ce qu'il fallait, pensa-t-elle, pour que Donovan n'oublie pas qu'elle avait encore le pouvoir de lui inspirer du désir.

Nous déambulâmes dans le jardin pendant la plus grande partie de la nuit, parlant peu, admirant en silence les fleurs nocturnes qui semblaient s'épanouir rien que pour nous, nous montrant l'un à l'autre celles que nous préférions. Nous regardant parfois les yeux dans les yeux, sans bouger, comme si le temps s'était arrêté.

J'étais ravi ; j'étais heureux.

J'étais terrifié.

Car je sentais que la douceur et la patience de cette femme merveilleuse, alliées à la passion que nous avions mise dans notre étreinte, faisaient tomber peu à peu toutes les barrières que j'avais dressées pour me protéger.

Je comprenais que j'étais amoureux.

Comme l'aube approchait, je suggérai enfin de retourner au château. Rachel acquiesça, précisant avec malice que les événements de la nuit lui avaient donné grand faim.

Nous rentrâmes dans la propriété par la bibliothèque. Alors que nous arrivions dans le salon, nous entendîmes des martèlements sur la porte principale.

J'eus un funeste pressentiment, et, avant même d'aller ouvrir la porte, je compris que notre période de tranquillité touchait à sa fin.

Mary O'Mallory se tenait sur le seuil, haletante, le visage rouge. Elle poussa un énorme soupir de soulagement en voyant Rachel à mon côté.

— Bon sang, ma fille ! s'exclama-t-elle. Pourquoi as-tu mis si longtemps à me répondre ?

L'air soudain inquiet, Rachel l'invita à entrer dans le salon.

— Nous étions sortis, expliqua-t-elle. Viens, assieds-toi. Tu as l'air vannée. Que se passe-t-il ?

Jetant des regards effrayés autour d'elle, Mary prit place tout au bord du canapé, comme si elle voulait se tenir prête à prendre la fuite à la moindre alerte.

— Je dois te parler, Rachel. Seule.

Et, ce disant, elle me jeta un coup d'œil à la dérobée, comme si je l'effrayais.

— Tu peux tout dire devant Donovan, objecta Rachel.

Mary fit la moue.

— C'est mon ami, insista la jeune femme.

— Ne t'en fais pas, dis-je. Il vaut mieux que je vous laisse tranquilles. Je serai dans la bibliothèque.

Je scrutai le visage de Rachel. Allait-elle partir ? me demandai-je avec anxiété. Etait-ce la dernière fois que je la voyais ?

— Je t'appelle dès que nous avons terminé, promit-elle.

Je la remerciai d'un sourire. Elle avait senti mon angoisse. Elle avait tenu à me rassurer. Elle ne partirait pas... sans me dire adieu.

Car, de toute façon, il faudrait bien qu'elle parte un jour. Nous n'avions pas d'autre solution, elle et moi, que de nous séparer. Un vampire et une mortelle ne pouvaient envisager l'avenir ensemble.

Je sortis du salon, le cœur gros de désespoir.

Rachel s'assit à côté de Mary et lui prit la main.

— Maintenant, parle-moi. Ça n'a pas l'air d'aller.

— Pourquoi es-tu ici, avec ce... ce... ?

— Donovan est un homme, Mary, répliqua-t-elle doucement. Un homme... adorable.

— Seigneur ! Ne me dis pas que tu es amoureuse de lui, ma fille !

Rachel baissa les yeux.

— Explique-moi la raison de ta visite, suggéra-t-elle.

— C'est à cause des gens du village. Marney Neal a monté tout le monde contre... Donovan. Et j'ai bien peur que l'histoire ne se répète. Je veux que tu sois en sécurité, loin d'ici, avant qu'il n'arrive une catastrophe...

— Que veux-tu dire ? l'interrompit Rachel, prise de panique.

— Marney affirme que... que l'animal qui vit ici t'a ensorcelée, ma fille. Il dit que tu es sa prisonnière et que tu ne t'en rends pas compte. Il a persuadé les autres qu'il faut te sauver, te secourir ! En ce moment même les gens sont en train de se rassembler au pub. Je me suis éclipsée pour venir te prévenir.

— Ils vont venir ici ? balbutia Rachel.

— Oui. Et je crois que ça va très mal se passer. Tu dois venir avec moi.

— Je vais venir. Mais, d'abord, je dois parler à Donovan.

— Rachel, ne fais pas...

— Je ne peux l'abandonner sans le prévenir, l'interrompit-elle d'un ton ferme. Pars devant, Mary. Je te rejoins très vite. Promis.

Mary soupira.

— Fais comme il te plaira, marmonna-t-elle. Mais dis-moi, ma chérie... Qu'est-ce qu'il y a entre vous, au juste ?

— Rien qui te concerne. Va, maintenant. Essaie de retenir les hommes jusqu'à ce que j'arrive au pub.

Dès que Mary eut quitté le château, Rachel alla retrouver Donovan dans la bibliothèque.

— Tu t'en vas ? demanda-t-il d'une voix rauque.

— Il le faut. Laisse-moi partir, Donovan. Sinon...

Il leva une main.

— Je ne te retiens pas. J'ai pris mes dispositions. Je partirai juste après toi. Je quitterai la région.

Elle s'avança vers lui.

— Tu crois que c'est encore nécessaire ? répliqua-t-elle. Après tout ce que nous avons partagé ? Tout ce que nous nous sommes dit ? Tu crois vraiment que je vais te trahir ?

Il baissa la tête.

— Je ne sais plus ce que je crois, Rachel. Mais j'ai compris une chose. Toi et moi...

Elle l'interrompit en le bâillonnant d'une main. Elle se doutait de ce qu'il allait dire, et elle ne voulait pas l'entendre.

— Si tu pars, comment pourrai-je te retrouver ?

— Ça ne servirait à rien, répondit-il en détournant les yeux. A quoi bon se faire du mal ?

Elle agrippa le devant de sa chemise entre ses doigts tremblants. Des larmes remplirent ses yeux.

— D'accord, murmura-t-elle. S'il faut que je jette mon cœur à tes pieds, je vais me faire suppliante. Ne pars pas, Donovan ! Ne me quitte pas ! Tu comptes plus que n'importe qui, pour moi. Tu es toute ma vie !

— Tais-toi, Rachel..., balbutia-t-il.

— Je t'aime. Je t'aime depuis toujours, Donovan, et je t'aimerai tant que je vivrai.

Il grimaça, l'air désespéré.

— Rachel...

— Une fois au village, je ferai en sorte que plus personne ne t'ennuie, ajouta-t-elle.

— Mais il n'y a pas d'avenir pour nous ! protesta-t-il soudain.

Elle recula, saisie.

— Fais ce que tu veux, Donovan. Pars très loin, si ça te plaît. Si loin que je ne pourrai jamais te retrouver. Mais si tu tiens un tant soit peu à moi, donne-nous une chance...

— Tu ne comprends pas, la coupa-t-il. Les vampires sont condamnés à la solitude. Ils ne peuvent aimer les mortels.

— Non ! Ce n'est pas une fatalité. Tu as le choix, Donovan. Notre avenir ne dépend que de toi. Et de ce que nous décidons ensemble...

Et, sentant les larmes lui monter aux yeux, elle fit volte-face pour sortir de la bibliothèque en courant.

13.

En la voyant partir, j'eus l'impression que le monde s'écroulait autour de moi. Mais alors que le chagrin me terrassait, je savais aussi que je devais me ressaisir pour échapper à la sentence de mort que les villageois venaient de prononcer contre moi.

Je devais partir, oui, mais je ne le fis pas. Car je voulais l'attendre. Je ne pouvais quitter ce château où nous avions fait l'amour, où Rachel m'avait forcé à ouvrir mon cœur aux sentiments qu'elle m'inspirait.

La seule chose que je voulais, maintenant, c'était lui dire... que je l'aimais.

Rachel entra dans le pub, le sourire aux lèvres, l'air tranquille, comme si tout allait bien — alors qu'en fait, elle avait la gorge nouée à la pensée que Donovan allait partir, qu'elle trouverait les lieux vides, quand elle remonterait au château.

Elle feignit la surprise en voyant les hommes rassemblés dans la pièce.

— Eh bien, eh bien ! fit-elle. Tout le village est ici, à ce que je vois ! Qu'est-ce qu'on fête, ce soir ?

— On ne fête rien du tout, Rachel, marmonna Marney Neal en s'avançant vers elle. On s'apprête à aller détruire ce château maudit.

Elle fronça les sourcils, dissimulant son effroi.

— Et pourquoi diable voulez-vous détruire ce château ?

répliqua-t-elle d'un ton narquois. Sans compter que vous n'y trouverez plus personne !

— Il est parti ?

— Oui. Donovan n'était ici que pour revoir l'endroit une dernière fois, avant de s'en séparer pour de bon. Dommage que vous ne lui ayez pas fait meilleur accueil, d'ailleurs. C'est un homme extraordinaire.

— C'est un animal ! cria quelqu'un.

— Oh, non, objecta-t-elle patiemment. Il a eu la gentillesse de m'aider dans mes recherches, mais ce n'est pas un animal, je peux vous l'assurer.

Elle saisit un tablier et passa derrière le bar.

— Tu mens, Rachel, grommela Marney, l'œil mauvais. Tu essaies de le protéger, parce qu'il t'a ni plus ni moins ensorcelée.

— Ensorcelée ? répéta-t-elle avant d'éclater de rire. Ne me dis pas que tu es assez stupide pour croire que Donovan pratique le culte vaudou.

— C'est un vampire ! grogna Marney.

Et un murmure haineux courut dans le pub pour souligner l'affirmation.

— Je ne vois pas de quoi tu veux parler, rétorqua-t-elle. Mais en tout cas, il y a une chose que je sais : c'est que je ne te laisserai pas l'attaquer.

— Tu t'es trahie ! exulta Marney. Tu vois bien qu'il est encore là-haut !

— Je n'ai pas dit ça...

— Ne te fatigue pas, Rachel. Tout le monde sait que ce monstre t'a fait un lavage de cerveau.

— Le monstre, c'est toi ! Pas Donovan ! s'insurgea-t-elle.

— Nous montons au château, affirma-t-il. Et nous en repartirons quand il n'en restera qu'un tas de ruines. Le vampire n'en sortira pas vivant, cette fois.

Il se tourna vers la porte. Tous les hommes assis se levèrent. Ils évacuèrent le pub les uns après les autres, et se mirent en marche sur la route, Marney en tête. Rachel se lança après eux, essayant de les retenir, agrippant les manches de certains, les implorant de se calmer. Mais ils l'ignorèrent. Elle comprit que seul l'affrontement avec Donovan pourrait les libérer de leur folie meurtrière.

Elle les suivit jusqu'au château. Là, Marney Neal frappa du poing sur la porte d'entrer, ordonnant au vampire de se montrer.

Soudain, le battant s'ouvrit sur Donovan. Il y eut un mouvement de recul dans la foule. Même Marney battit un peu en retraite devant la fureur qui se lisait dans les yeux de son adversaire.

Rachel, qui se tenait derrière les hommes, frissonna. Elle savait ce que Donovan devait penser en ce moment. Il la tenait sûrement pour responsable de la présence de cette foule. Il croyait qu'elle l'avait trahi, comme son aïeule avait trahi Dante !

Aussi fut-elle étonnée de l'entendre demander d'une voix ferme :

— Où est Rachel ? J'espère que vous ne lui avez fait aucun mal !

Elle cilla. Comment ? Il craignait qu'elle ne soit blessée ? Mais alors...

— Ne vous souciez pas pour elle, répliqua Marney. Nous savons que vous l'avez ensorcelée. Sinon, jamais elle ne vous défendrait comme elle le fait. Quand vous aurez disparu, elle reprendra ses esprits.

— Elle m'a défendu, dites-vous ? Cela ne m'étonne pas, affirma Donovan. Et maintenant ? Vous avez l'intention de me tuer, c'est cela ?

— Ouais, grogna Marney.

Donovan fit un pas vers lui.

— Soyons un peu honnêtes les uns avec les autres, suggéra-t-il. Surtout vous, Marney Neal ! Vous voulez ma mort à cause de Rachel. Parce que c'est moi qu'elle aime, et pas vous ! Ne le niez pas.

Les hommes grommelèrent, et quelqu'un cria :

— C'est vrai, ça, Marney ?

— Qu'envisagez-vous, Neal ? ajouta Donovan. Vous voulez me forcer à rester ici jusqu'au lever du jour, ou vous préférez me tuer maintenant ?

— Je vais vous tuer maintenant, marmonna son interlocuteur d'une voix sourde.

— Etes-vous sûr d'en être capable ?

Pour toute réponse, Marney leva son fusil. Rachel hurla et se rua sur lui. Elle le déséquilibra alors qu'il ajustait son arme, et le coup partit.

Rachel tomba avec lui, assourdie par le fracas de l'arme. Puis, tout à coup, elle éprouva une sensation de brûlure intense dans le ventre. Elle porta la main là où elle avait mal, et tout le monde vit le sang s'écouler.

Donovan se précipita pour la soulever dans ses bras.

— Rachel !

Elle le fixa d'un regard absent.

— Je... Rachel, balbutia Marney, je suis désolé.

— Fiche le camp, répliqua-t-elle avec peine, tellement elle souffrait.

Pris de panique, les assaillants se dispersèrent sur la route et dans la forêt, sans demander leur reste.

Rachel vit Mary apparaître dans son champ de vision. A côté d'elle, Marney se dandinait d'un pied sur l'autre, l'air hagard.

Mary se pencha vers elle, examina la blessure, puis leva les yeux vers Donovan.

— Aidez-la, murmura-t-elle. Vous pouvez la sauver, n'est-ce pas ?

Rachel cligna des yeux. Elle était dans un brouillard opaque. Mais elle crut voir Donovan hocher la tête.

— C'est une blessure superficielle, cria Mary à l'adresse de Marney. Si tu ne fiches pas le camp d'ici immédiatement, je te fais arrêter par la police pour tentative de meurtre. Et si tu ennuies encore ce monsieur ou Rachel, à l'avenir, je te jure que tu iras en prison ! Je ne veux plus jamais te voir !

Confusément, Rachel entendit Marney marmonner qu'il était désolé, que ce n'était pas sa faute, puis il partit en courant.

Mary se pencha vers elle, lui donna un baiser sur le front.

— Adieu, ma chérie. Je crois bien que nous ne nous reverrons jamais. Je te souhaite... tout le bonheur du monde.

Tandis que Mary s'éloignait, Rachel lutta de toutes ses forces contre l'évanouissement. La douleur était atroce. Mais avant de sombrer dans les ténèbres, elle voulait dire quelque chose à Donovan.

Elle leva les yeux vers lui.

— Je t'aime, murmura-t-elle d'une voix fêlée. Tu es l'homme que j'aime depuis toujours, Donovan.

— Moi aussi, je t'aime, répondit-il en lui caressant la joue. Je n'osais pas regarder mes sentiments en face, Rachel, mais, grâce à toi, j'ai réussi à croire en... nous. Je t'aime de toute mon âme.

Elle sourit tristement.

— Malheureusement, il est trop tard... Je vais mourir...

— Veux-tu... ? Veux-tu que... ?

La voix de Donovan se brisa.

— Tu peux me sauver ? demanda-t-elle. Tu peux me faire devenir... vampire ?

— Oui, acquiesça-t-il dans un souffle. Mais tu dois savoir qu'une vie de vampire est une épreuve perpétuelle. Jamais plus tu ne verras la lumière du soleil. Tu vivras constamment dans la crainte d'être pourchassée, tuée pour la seule raison que tu es différente de la plupart des humains...

— Je passerai l'éternité avec l'homme que j'aime, objecta-t-elle. C'est tout ce qui compte. C'est ce que je désire, Donovan, pour ne plus jamais te quitter...

— Alors, nous allons commencer une nouvelle vie, Rachel. Ensemble, murmura-t-il en penchant la tête. Ensemble pour toujours...

Il l'embrassa tendrement sur les lèvres, puis dans le cou avant de planter ses dents dans la chair tendre. Radieuse, Rachel ferma les yeux, comblée de voir que tous ses rêves se réalisaient.

MARILYN TRACY

Les époux de minuit

HARLEQUIN

SIXIÈME SENS

Cet ouvrage a été publié en langue anglaise
sous le titre :
MARRIED BY DAWN

Traduction française de
PIERRE FRANÇOIS REIGNIER

Originally published by SILHOUETTE BOOKS,
division of Harlequin Enterprises Ltd.
Toronto, Canada

83-85, boulevard Vincent-Auriol, 75013 Paris — Tél. : 01 42 16 63 63
Service Lectrices — Tél : 01 45 82 47 47

1.

Gavin Deveroux se tenait immobile devant la double porte qui ouvrait sur l'un des élégants salons de l'hôtel, où débuterait la mission que venait de lui confier la Haute Assemblée.

Tout un passé de tâches similaires, plus ou moins difficiles, plus ou moins agréables, le rendait apte à apprécier la situation.

Mais si cette mission-là n'avait rien de complexe, elle était tout de même un peu particulière. Une jeune femme avait provoqué l'Assemblée, insinuant qu'elle envisageait de dénoncer la Société au monde des mortels. Evidemment, on ne pouvait la laisser faire ; il fallait l'éliminer. Gavin n'avait aucun doute là-dessus.

Alors pourquoi hésitait-il à franchir cette porte ? Pourquoi éprouvait-il une légère appréhension ?

Les voix des personnes présentes à l'office funéraire qui venait de se terminer dans le salon filtraient à travers les battants de bois clair. Il y avait bien deux siècles qu'il n'avait assisté à une cérémonie de ce genre. C'était avant son Passage, l'acte par lequel il était devenu immortel.

Il avait appris depuis lors — surtout ces derniers temps — que la vie n'était jamais aussi simple qu'on le souhaitait. Son ami Jonathan s'était parjuré vis-à-vis de l'Assemblée en tombant amoureux d'une mortelle. Jonathan avait été jugé et banni de la Société comme renégat. Son amante avait été éliminée, et les humains honoraient sa mémoire ici ce soir. Il ne restait plus qu'un détail à régler : tuer la sœur de la maîtresse de Jonathan, celle-là même qui avait défié la Société des immortels.

Tâche qui n'aurait présenté aucune difficulté si Gavin ne s'était senti étrangement attiré par cette femme qu'il n'avait pour l'instant vue que de loin, plusieurs fois ces dernières semaines, afin de la surveiller.

Non, vraiment, se disait Gavin, l'existence ne suivait hélas pas un cours linéaire et maîtrisable. Et c'était pour cela sans doute qu'il hésitait à entrer...

Un éclat de rire enjoué filtra à travers la porte. Dès qu'il reconnut les vocalises de la superbe voix de contralto de Tara Michaels, Gavin frissonna comme si une plume lui avait chatouillé le dos.

Le rire fusa de nouveau. Curieusement il n'entendait plus que lui, alors qu'un brouhaha intense régnait dans le salon. C'était comme si son esprit isolait naturellement cette voix, qui semblait lui lancer un appel... Ou un avertissement, peut-être.

Gavin se crispa. Le désir aigu, presque douloureux, que ce rire musical éveillait en lui, le mettait à la torture. Aussi se promettait-il de l'assouvir. Avant de supprimer la femme, il la prendrait comme un jouet sexuel. Elle serait sa récompense, sa petite distraction précédant le terme de sa mission. En s'accordant ce plaisir, il irait un peu à l'encontre des règles de la Société, mais tant pis. De toute façon, il n'était pas expressément interdit de consommer une victime.

La Haute Assemblée savait fort bien que les mortels — êtres dociles et vulnérables, fragilisés par leurs émotions qu'ils ne savaient contenir — exerçaient un attrait presque irrésistible sur les immortels, qui eux avaient la capacité de jouir pleinement de leurs sens surnaturels sans s'encombrer de sentiments.

La femme pouffa doucement. Sans être aussi charmeur que son rire, ce son-là promettait la même sensualité.

Ah, oui, cette humaine lui donnerait du plaisir, beaucoup de plaisir, se dit Gavin. Il en oublierait les aspects les plus regrettables de sa mission. Il la ferait rire dans ses bras, et son rire serait le baume dont il avait besoin pour chasser l'espèce de malaise stupide qu'il éprouvait à l'égard de la situation. Il réussirait ainsi à se défaire de l'idée qu'il avait peut-être eu tort de voter, comme ses confrères de l'Assemblée, le bannissement de Jonathan...

Il secoua la tête, pour repousser les cheveux qui lui tombaient devant le visage, comme pour évacuer toute pensée dérangeante de son esprit. Jonathan avait commis l'irréparable ; il méritait l'exil. Et lui, Gavin, n'avait rien à se reprocher. Il devait juste se concentrer sur sa mission, en savourant à l'avance le plaisir qu'il tirerait de sa victime.

Comme il possédait des pouvoirs inaccessibles aux humains, il savait très précisément à quel endroit Tara Michaels se tenait dans le salon, derrière la double porte. Cette femme au rire mélodieux, il la réduirait au silence d'abord en la faisant jouir, puis... de façon plus radicale.

Il soupira. Pourquoi cette perspective le mettait-elle de si mauvaise humeur ? Il avait une mission à remplir, que diable ! Il n'était pas ici pour s'interroger sur le sens de la vie !

Il poussa la porte et entra dans le salon. Des femmes le regardèrent. Bien sûr. Sa condition d'immortel lui avait apporté la jeunesse éternelle, la richesse, un pouvoir de séduction inégalé — tout ce que les humains désiraient. Il y avait laissé son âme, sans doute, tout comme sa capacité à éprouver des sentiments. Mais...

Mais les plaisirs de la chair n'avaient plus aucun secret pour lui, et cela c'était plus appréciable que n'importe quoi.

Dans quelques instants, il allait aborder celle qui satisferait bientôt ses moindres désirs.

S'immobilisant, il scruta la foule ici réunie. Ces gens étaient rassemblés pour un service funéraire, mais ils n'étaient pas vraiment tristes. Après tout, le drame remontait déjà à un an. Ils avaient tous eu le temps de faire leur deuil de la défunte.

Tournant la tête, il braqua son regard sur la femme qu'il convoitait. Sa récompense. Sa victime. Son destin, aussi, peut-être...

⁂

Tara Michaels cessa brusquement de rire. Tom, qui était en train de lui raconter une blague, venait de s'interrompre pour lui agripper le bras et l'entraîner à l'écart de la foule.

— Là-bas, murmura-t-il d'une voix vibrante d'excitation. Regarde, Tara, près de la porte... Le démon est sorti de sa tanière, et il vient nous rendre visite.

Tara concentra son attention sur l'homme que Tom lui désignait. Ce « démon » avait une prestance, une classe extraordinaires. Il était bien bâti, vêtu avec sophistication — un complet noir de grand couturier —, et il possédait un visage magnifique encadré de longs cheveux dorés.

— C'est lui, Gavin Deveroux ? répliqua-t-elle, dubitative. Tu es sûr, Tom ?

— C'est lui, affirma-t-il.

Elle se mordit la lèvre. Bien sûr, il ne pouvait se tromper, puisqu'il avait déjà « rencontré » Deveroux — la nuit même où sa sœur Charlene avait été assassinée. Comme il disait lui-même, il ne risquait pas d'oublier le visage de ce monstre.

L'homme qui, d'après Tom, n'était pas humain braqua son regard sur elle. Tara eut l'impression déroutante qu'il avait su avant même de tourner la tête à quel endroit elle se tenait.

Pour dissimuler sa gêne, elle releva le menton avec aplomb et soutint le regard perçant.

Il la dévisageait intensément, comme s'ils avaient été seuls dans la pièce — comme s'il était venu ici exprès pour elle, rien que pour elle. Son expression était à la fois distante, hautaine, et pleine de... chaleur. Ou même de désir.

Tara secoua la tête. Qu'allait-elle s'imaginer ? Ce type n'était pas venu ici en ami. Elle ne devait pas l'oublier.

Il tourna un instant son regard vers Tom, crispa les mâchoires, et, finalement, abandonna ce sujet de contrariété pour fixer de nouveau les yeux sur elle.

Tara frissonna en se rendant compte qu'elle était incapable de s'arracher à la contemplation de cet homme. Que lui arrivait-il ? C'était absurde !

Il s'avança vers elle, d'un pas souple et tranquille, avec la confiance d'un homme que rien ne peut arrêter. Les personnes qui se trouvaient sur son chemin s'écartèrent docilement.

Sentant l'angoisse la gagner, Tara s'efforça de contrôler sa respiration, non sans avoir décoché un sourire timide à Tom dont elle appréciait maintenant plus que jamais la présence rassurante. Avec son aide, elle avait pu organiser une cérémonie très convenable en mémoire de sa sœur. Ici, à Las Vegas où elle avait vécu plusieurs années, Charlene avait eu de nombreux amis. Tous étaient présents ce soir. D'autre part, la séance avait aussi pour but d'attirer Gavin Deveroux pour lui tendre un piège fatal. Il semblait qu'ils avaient atteint leur but.

Sauf que...

— Ne le regarde pas dans les yeux, murmura Tom d'un ton maussade.

C'était trop tard, hélas. Tara ne pouvait s'arracher à l'incroyable fascination que les pupilles de Deveroux exerçaient sur elle. Elle prit soudain peur. Cet homme dégageait un pouvoir immense, et sa façon de la regarder suscitait en elle un frisson doux contre lequel elle n'arrivait pas à lutter. C'était insensé, et en même temps terriblement agréable !

— Méfie-toi. Tu sais de quoi il est capable, insista Tom. Souviens-toi de ce qu'il a fait à Charlene.

Tara acquiesça en silence. En fait, elle ne risquait pas de l'oublier. Tom et elle étaient sûrement les seules personnes présentes dans le salon à savoir à quel point Gavin Deveroux était dangereux. Ils étaient aussi les seuls à connaître sa véritable nature.

Il s'immobilisa à trois mètres d'elle, l'air très à l'aise, un léger sourire oscillant sur ses lèvres. Elle se força à détourner les yeux et, pour se donner une contenance, tendit un bras vers le guéridon où elle avait posé la photocopie du petit discours qu'elle souhaitait prononcer pour clore la cérémonie en l'honneur de sa sœur. Elle fixa quelques instants les lignes de texte dactylographié.

— Je suis prête, murmura-t-elle à l'adresse de Tom.

— N'oublie pas, Tara, répondit-il dans un chuchotement vibrant de haine. Tu dois l'attirer dans ta chambre et le retenir là-haut jusqu'à l'aube. Quand tu m'auras lancé le signal, je me chargerai de tout le reste. Tu feras le nécessaire, promis ?

— Oui...

— Tu n'auras aucun mal à le séduire. Regarde comme il te reluque, cet animal. Tu lui plais !

Tara ne sut que répondre. Gavin Deveroux la dévorait des yeux, en effet. L'intérêt qu'il lui portait était... stupéfiant.

— Tu vas enfin pouvoir venger la mort de Charlene, conclut Tom.

Elle frissonna. L'homme ou plutôt la « créature » qui la dévisageait de façon si provocante était aussi le monstre assoiffé de sang qui avait assassiné son unique sœur.

— Pour Charlene, murmura-t-elle d'une voix rauque. Je fais cela pour Charlene...

Quoique... De cela, elle n'était pas tout à fait sûre. Peut-être agissait-elle plutôt pour le compte de Tom qui avait perdu sa fiancée à cause de Deveroux. Elle se demandait également si ses actes n'avaient pas une autre motivation, plus... sombre, plus floue, qu'elle avait peur de s'avouer.

Après la mort accidentelle de leurs parents, Tara avait soutenu, aidé sa petite sœur pendant des années. Elle l'avait quasiment « élevée ». Alors, quand Charlene était partie pour Las Vegas pour tenter sa chance dans le music-hall, Tara s'était senti... trahie, abandonnée. Leurs relations s'étaient tellement dégradées qu'elle se demandait à présent si, en voulant punir le meurtrier de sa sœur, elle ne cherchait pas à appliquer un baume sur cette plaie, et à évacuer sa culpabilité.

Brusquement, Tara éprouva une peur immense. Qu'avait-elle donc dans la tête ? Elle allait devenir meurtrière ! anéantir un être vivant ! Non, elle ne pouvait s'y résoudre. Elle était professeur d'anglais, par tous les saints ! Elle était faite pour corriger des copies, et non pour commettre des assassinats !

— Tom..., bafouilla-t-elle. Je ne serai pas capable...

— Il est trop tard pour reculer, murmura-t-il d'un ton

furieux. Tu « dois » le faire ! Pour Charlene. Pour toutes les femmes qui ont connu le même sort qu'elle. Ce soir, nous avons une occasion unique de lutter contre ce monstre et ses congénères. Veux-tu avoir la mort d'une autre innocente sur la conscience, Tara ? Renonce maintenant à notre plan, et c'est ce qui arrivera. Tu condamneras une autre femme à être assassinée violemment, comme Charlene. C'est ce que tu veux ?

Tara se contenta de secouer la tête. Le sermon de Tom lui remettait les idées en place. Il avait raison. Il était temps de conclure la cérémonie et... d'agir.

Son discours à la main, elle monta sur la petite estrade ornée de fleurs, au fond du salon. Le silence se fit parmi les invités tandis qu'elle posait son document sur le lutrin, devant elle.

— Merci à tous d'être venus ce soir, déclara-t-elle en souriant. Peut-être trouvez-vous étrange que j'aie organisé cette réunion un an après la mort de Charlene. Mais maintenant que les enquêtes de police sont terminées, j'ai pensé que ce serait bien de nous rassembler une dernière fois pour partager les souvenirs heureux que nous avons tous à son sujet, et évoquer sa mémoire sans le poids des circonstances tragiques de son décès.

Elle posa les yeux sur Gavin Deveroux, et son sourire se figea à l'idée du stratagème imaginé par Tom.

« Nous allons répandre le bruit que Charlene a tout dévoilé dans son journal intime, avait annoncé Tom. Alors Deveroux sera chargé de récupérer ce document compromettant, et viendra à notre petite soirée. »

Au début, Tara avait eu du mal à croire les accusations de Tom contre Deveroux et les créatures de son espèce. Puis elle s'était laissé convaincre. Après tout, Tom avait enquêté pendant près de un an, et les informations qu'il possédait paraissaient irréfutables. Il existait bel et bien, comme l'affirmait d'ailleurs sa sœur dans son journal, une société secrète de vampires, ignorée du monde des mortels. Tom prétendait qu'ils avaient l'habitude d'assassiner des innocents comme Charlene, et qu'il fallait lutter contre eux.

Tara frissonna. Elle connaissait l'assassin de sa sœur, et c'était sans le moindre doute possible ce Gavin Deveroux. Tom l'avait même surpris en flagrant délit, alors même que Marlene se vidait de son sang. Et maintenant qu'il s'agissait de châtier le coupable, que tout avait été organisé pour le prendre au piège, elle ne devait pas se dérober...

Une fois de plus, son regard fut attiré par Gavin Deveroux. Il hocha doucement la tête, comme s'il l'avait espionnée jusque dans ses pensées. Et comme s'il revendiquait son meurtre, ses lèvres se plissèrent en un sourire de satisfaction cruelle.

Et, dans ses pupilles, il y avait toujours cette lueur étrange... Une lueur douce, preuve d'un profond désir...

Tara ferma un instant les yeux. Malgré elle, elle répondait à cette émotion. Une bouffée de chaleur délicieuse se répandait dans son corps. Elle s'efforça de se ressaisir. Que lui arrivait-il donc ? Ce type était l'assassin de sa sœur, nom d'un chien ! Et non un séduisant célibataire !

— Nous sommes donc rassemblés ici ce soir en l'honneur de ma sœur, Charlene Michaels, reprit-elle d'une voix rauque.

Elle se tut de nouveau, plus embarrassée que jamais. Le monstre la dévisageait encore, avec ce sourire énigmatique...

Le sadique ! fulmina-t-elle intérieurement. Il souriait alors qu'on évoquait sa victime. Elle aurait voulu lui hurler de partir, ou même se jeter sur lui et le poignarder avec le pieu de bois que lui avait montré Tom cet après-midi.

Mais hélas... Dans le tourbillon des sensations qui la tourmentaient maintenant, celle qui prédominait était toujours la pulsion de désir que cet homme éveillait en elle. Et, malgré elle, elle sentit un sourire langoureux lui monter aux lèvres.

Seigneur... C'était affreux. Elle avait envie de faire l'amour avec l'assassin de sa sœur !

2.

Gavin regardait attentivement la jeune femme, admirant ses cheveux châtain clair, ses yeux noisette, ses traits finement ciselés. Elle lui plaisait énormément. Et il avait du mal à admettre que cette femme si désirable fût aussi celle qu'il devait détruire.

Bien sûr, il ne pouvait désobéir aux ordres de l'Assemblée, aller contre les exigences de sa Société.

Mais, bon sang, qu'elle était belle, cette Tara Michaels ! se dit-il. Elle était pleine de vie. Elle possédait une énergie, une passion admirables. En fait, elle n'était pas du tout celle qu'il avait cru trouver. Le message qu'elle avait adressé à l'Assemblée lui avait paru enfantin, sinon stupide. Ne comprenait-elle pas qu'il était vain de se dresser contre la Société et de menacer de la dévoiler au monde des mortels ? N'avait-elle pas conscience du danger qu'elle encourait en s'exposant ainsi ? Sans doute le « journal » prétendument écrit pas sa sœur n'existait-il même pas. Car, s'il avait été réel, elle aurait su en le lisant qu'il ne fallait pas défier les vampires.

Gavin n'y comprenait rien. Une telle attitude contredisait l'intelligence et la vivacité qu'il percevait en elle en ce moment. Il fallait qu'il tire au clair cette déplorable histoire, qui avait débuté durant la nuit fatidique où sa sœur avait trouvé la mort...

Ce soir-là, aussi, il avait accompli la mission qui lui incombait. C'était la première et unique fois qu'il avait vu

Charlene dans sa vie. Après le drame, il avait sorti Jonathan, qui était en état de démence, de la chambre. Puis, dégoûté par le comportement de son ami, et outré de l'avoir vu essayer de pratiquer l'Echange avec une mortelle déjà partie dans l'au-delà, il l'avait condamné, en même temps que tous les autres membres de la Haute Assemblée, au pire sort qu'un immortel puisse endurer : l'exil.

Mais aujourd'hui... Gavin soupira en son for intérieur. Aujourd'hui il s'interrogeait sur les événements qui avaient provoqué ce bannissement, notamment les événements de cette terrible nuit. Et en regardant Tara Michaels, il se demandait aussi pourquoi ces deux sœurs exerçaient un tel attrait sur les hommes de son espèce.

Il savait qu'il aurait dû détourner les yeux. Car plus il la contemplait, plus il était la proie d'une espèce de... d'envie particulière, où il y avait du désir charnel, certes, mais autre chose aussi... Il avait envie de connaître cette mortelle charmante, de lui parler, et puis de se glisser entre ses bras et de se perdre dans son étreinte.

Il ne devait pas la regarder, mais il le faisait quand même.

Il n'écoutait pas ce qu'elle disait au sujet de sa sœur, il ne prêtait attention qu'à la cadence de sa voix de velours. Il savourait malgré lui le jeu des lumières du salon sur sa peau claire, qu'il devinait douce comme la soie.

Pourquoi avait-elle lancé ce défi idiot à l'Assemblée ? Pourquoi fallait-il qu'il la punisse — définitivement — de son insolence ? Pourquoi l'existence était-elle si cruelle, parfois ?

Elle marqua une pause dans son discours, leva les yeux vers lui. Il soutint son regard sans fléchir. Et il fut secoué par une vague de désir si intense qu'il chancela sur ses jambes. Un sourire langoureux lui monta aux lèvres.

Elle lui rendit son sourire, timidement. Tout à coup il voulut lui lancer un avertissement, la protéger, contre lui-même, contre la Société.

« Cours ! Cache-toi ! Prends garde aux vampires qui te haïssent ! » aurait-il voulu crier sans qu'un son pût sortir de sa gorge.

Tara acheva son discours et descendit de l'estrade. Elle

serra des mains, donna l'accolade à quelques personnes, souriant gentiment.

Gavin se raidit quand elle s'approcha de lui.

— Bonsoir, offrit-elle en lui tendant la main.

Il prit ses doigts entre les siens et les étreignit doucement, sans la quitter des yeux, fasciné par les lèvres entrouvertes qui dévoilaient des dents régulières et blanches. Son teint de rose rendait ses yeux encore plus brillants, mais elle n'avait pas l'air effrayée par lui.

Lui, en revanche, avait peur comme il n'avait pas eu peur depuis très longtemps. Et quand il lâcha sa main, il comprit pourquoi il était terrorisé. Il avait cru — espéré — que rien ne pourrait l'empêcher de prendre cette femme s'il le voulait. Maintenant, il doutait. La force de caractère et le charme de cette mortelle le privaient du plaisir qu'il aurait dû éprouver à la perspective de la posséder comme un vulgaire trophée sexuel. Avec cette femme, il voulait... autre chose.

— Je suis Tara Michaels, dit-elle.

— Je sais, répondit-il poliment.

Sans réfléchir à la portée de son geste, il lui prit de nouveau la main pour lui faire sentir les battements effrénés de son cœur.

— Je... Je vous remercie d'être venu, balbutia-t-elle, l'air quelque peu désemparée de voir qu'il gardait sa main prisonnière.

— Vous avez tort, répliqua-t-il.

Elle cilla, déglutit comme si elle avait peur — enfin !

Mais, dans les secondes qui suivirent, il la vit se ressaisir en carrant les épaules, signe de courage et de détermination, et comprit qu'elle cherchait la meilleure attitude à adopter envers lui.

Il fut heureux et fier de constater qu'elle choisissait de ne pas tourner autour du pot.

— Et vous, vous êtes Gavin Deveroux, affirma-t-elle. Comme ça nous sommes fixés.

— Vous êtes bien informée.

— Ma sœur parle beaucoup de vous dans son journal.

Il fronça les sourcils, sincèrement étonné par cette révélation. Pourquoi diable Charlene aurait-elle écrit à son sujet ? Si c'était vrai, cela signifiait que Jonathan avait livré à son amante les noms des membres de la Haute Assemblée. En ce cas, la Société avait eu raison de s'alarmer et d'exiger une solution... radicale contre cette mortelle.

— C'est pour cela que vous êtes venu, n'est-ce pas ? reprit-elle. Pour récupérer le journal ?

Il acquiesça.

— Il faut que vous attendiez le départ de mes invités, ajouta-t-elle en libérant sa main. Je n'ai pas le journal sur moi. Ma sœur vous l'aurait remis ici, mais... Je suis assez différente d'elle. Sans doute vous l'a-t-elle dit...

— Non, l'interrompit-il. Je ne la connaissais pas.

Elle plissa les yeux, l'air dubitatif.

— Vous ne connaissiez pas Charlene ? marmonna-t-elle.

— Je ne l'ai... rencontrée qu'une seule fois. Lors de cette nuit dramatique, conclut-il.

— Cette nuit-là seulement ? rétorqua-t-elle d'un ton soudain narquois.

— Oui.

Elle cilla. Gavin se rendit compte qu'elle ne le croyait pas. C'était étrange, et infiniment troublant. Dans le message qu'elle avait adressé à l'Assemblée, elle affirmait que grâce au journal de Charlene, elle connaissait tous les secrets des vampires. En ce cas, elle devait aussi savoir que lui et les siens ne mentaient jamais. Dans la Société, mentir était inutile. Seuls les mortels commettaient cette faute lamentable.

Alors qu'il la dévisageait songeusement, ses yeux se fixèrent sur la petite veine qui palpitait au creux du cou gracile. Il eut peine à se retenir de se pencher pour l'embrasser là...

Comme si elle l'avait deviné, elle releva le menton et le toisa d'un air menaçant. Il sourit presque à l'idée qu'une mortelle se comporte ainsi envers lui.

— Moi, j'ignore ce qui s'est réellement passé cette nuit-là, déclara-t-elle. Que diriez-vous de me raconter votre version des faits ?

C'était une perche qu'il ne pouvait saisir, tant qu'il n'aurait pas découvert les intentions réelles de cette femme.

— Je ne sais pas grand-chose, répondit-il, évasif.

— Ah oui ? rétorqua-t-elle avec une moue à la fois glaciale et insolente.

Une nouvelle fois, Gavin était étonné par le mélange de courage et d'imprudence qui caractérisait Tara Michaels. Elle refusait d'avoir peur de lui. Mais se rendait-elle compte du danger qu'elle courait en s'opposant ainsi à un immortel ?

Elle jeta un regard par-dessus son épaule, en direction de l'homme avec lequel elle se trouvait tout à l'heure. Celui-là, Gavin l'avait déjà vu — la nuit même où Jonathan avait presque perdu la tête, où la sœur de Tara avait péri. Tom, puisque c'était son nom, hocha discrètement la tête en feignant de tousser, puis se détourna.

De toute évidence, ces deux mortels tramaient quelque chose, se dit Gavin, sans pouvoir deviner quoi.

— Accepteriez-vous de me raconter ce que vous savez, même si ce n'est pas grand-chose ? insista-t-elle cordialement, comme s'ils parlaient de la pluie et du beau temps. Quand mes invités seront partis, nous pourrions...

— D'accord, affirma-t-il.

Il lui saisit de nouveau la main, la porta à ses lèvres et lui donna un baiser au creux de la paume. Elle tressaillit.

— Ecoutez... j'ai peur que...

Elle se tut, se mordillant la lèvre inférieure, l'air soudain éperdu.

Gavin la sonda du regard. Elle avait raison d'avoir peur. En faisant du chantage à l'Assemblée, elle avait signé son propre arrêt de mort. Et en ce moment même, son futur assassin lui tenait la main !

Cependant, inexplicablement, il s'entendit lui répondre d'une voix apaisante :

— N'ayez pas peur. Retrouvons-nous tout à l'heure, quand vous serez prête.

Il la lâcha. Heureusement elle s'éloigna aussitôt de lui. Il avait besoin d'espace, pour se reprendre. Pourquoi lui avait-il parlé ainsi ? Sans doute... pour gagner sa confiance et pouvoir l'éliminer plus tard en lui épargnant une trop grande souffrance. Mais cela ne lui ressemblait pas de faire ainsi preuve d'attention, et même de tendresse. Les vampires n'éprouvaient jamais de telles émotions.

Les invités réclamaient l'attention de Tara, l'étreignaient, l'embrassaient. Elle parlait un peu avec chacun, et riait. Mais son rire sonnait faux, à présent. Ce n'était plus le chant de gorge enjoué et délicieux de tout à l'heure. Gavin ne put s'empêcher d'envisager mille façons délicates et sensuelles de la faire de nouveau rire dans le registre de vocalises qu'il aimait tant.

— Vous connaissiez bien Charlene ? lui demanda tout à coup une voix féminine derrière son épaule.

Il fit face à une jeune femme très aguicheuse, aux lèvres pulpeuses, qui le détaillait d'un regard approbateur.

— Non.

— Moi oui. Je bossais avec elle, précisa la femme en prenant une pose avantageuse.

Il se détourna de cette allumeuse qui cachait sa personnalité derrière les masques les plus rabâchés de la séduction, et chercha des yeux Tara, qui avait, elle, assez de force de caractère pour se présenter au monde sans faux atours.

— Et le monsieur qui est là-bas..., Tom ? insista la femme. Vous le connaissez. C'était le fiancé de Charlene, vous savez ? Enfin, l'ex-fiancé. Il prétend qu'ils étaient encore ensemble au moment de sa mort, mais c'est faux. Charlene sortait avec quelqu'un d'autre.

— Ah oui ? répliqua Gavin, songeant à Jonathan.

— Oui. Pauvre Tom... En plus, il a été arrêté après le meurtre. Il a fallu un moment avant qu'on prouve son innocence. Comment vous dites que vous vous appelez ?

Gavin la considéra d'un air faussement amène.

— Savez-vous comment Charlene est morte exactement ? demanda-t-il en reportant son attention sur l'adorable visage de Tara.

— Elle a été assassinée, répondit la jeune femme d'un ton lugubre.

— J'ai cru comprendre qu'on lui avait tranché la gorge

après l'avoir battue à mort, et qu'elle s'était vidée de son sang.

— Oh ! quelle horreur ! Ce sont des détails que j'ignorais... Mais comment pouvez-vous le savoir ?

Gavin lui offrit son sourire le plus inquiétant.

— J'y étais.

— Vous y étiez ? balbutia la femme, qui semblait ne plus avoir du tout envie de le draguer. Je... ne comprends pas.

— J'imagine, grommela-t-il.

— Gavin ?

Il se tourna pour voir Tara s'approcher de lui, une expression intense sur le visage.

— Oui ?

Elle s'excusa auprès de son interlocutrice.

— Pardonnez-moi, Helen, mais il faut que je parle à M. Deveroux seule.

La dénommée Helen hocha la tête, puis s'éclipsa sans demander son reste.

Gavin scruta le visage de la jeune femme qu'il avait pour mission d'éliminer.

Pourquoi, au juste, avait-elle choisi de provoquer l'Assemblée ? se demanda-t-il de nouveau, d'autant plus intrigué qu'elle n'avait pas dit précisément ce qu'elle comptait faire des informations qu'elle détenait. La Société supposait qu'elle avait l'intention de la dénoncer au monde des mortels, mais s'agissait-il vraiment de cela ?

Et si l'Assemblée avait commis une erreur ? s'objecta-t-il. Et si, en réalité, Tara avait juste cherché à se débarrasser des renseignements notés dans le journal de sa sœur ? Il fallait absolument qu'il voie ce journal. Au demeurant, quand l'Assemblée avait pris une décision, personne ne pouvait la contester et revenir dessus. Tara devrait donc disparaître. Les ordres étaient les ordres.

Mais, bon sang, pourquoi cette affaire le troublait-elle tellement ? s'insurgea-t-il soudain. Qu'avait-elle donc, cette femme, pour le pousser à remettre en cause la sagesse des membres de la Haute Assemblée — dont il faisait lui-même partie ?

— Pourquoi avez-vous demandé à... Helen de partir? s'enquit-il, étonné de sa propre curiosité, comme de son désir de vouloir comprendre. Que vouliez-vous me dire?

Un sourire suggestif aux lèvres, Tara le considéra, tout en se rapprochant de lui.

— Peut-être étais-je jalouse? insinua-t-elle d'une voix suave. Helen est une femme séduisante. Mais je ne voudrais pas qu'elle vous séduise...

« Elle ment. Pour m'embobiner », pensa-t-il avant d'en éprouver une pointe de dépit. Car il aurait préféré qu'elle dise la vérité. Il avait envie qu'elle éprouve pour lui ce qu'il ressentait envers elle. Il voulait qu'elle soit attirée par lui, comme il était attiré par elle.

Il se força à sourire d'un air désinvolte.

— Vous voulez dire que vous avez envie de moi? demanda-t-il tout à trac.

A son plus complet étonnement, il la vit rougir.

— Oui, murmura-t-elle, tandis que sa respiration s'accélérait, que ses pupilles se dilataient.

Gavin eut la certitude désarmante qu'elle ne mentait plus. Peut-être jouait-elle encore un peu avec lui, mais au fond elle exprimait la vérité.

Elle avait envie de lui.

Ils se désiraient.

Alors, tout à coup, il comprit que, pour la première fois depuis des siècles, il n'obéirait pas aux ordres de l'Assemblée. Pas ce soir, en tout cas. C'était... plus fort que lui. Peut-être la tuerait-il plus tard, quand il en saurait davantage à son sujet. Ou bien quand il aurait recouvré sa lucidité et se serait lassé de sa conquête. Mais, pour le moment, il voulait jouir de la promesse qu'il lisait dans ces beaux yeux. Et il souhaitait mieux la connaître.

Il fallait donc qu'elle lui appartienne, et de toutes les façons imaginables. Car, tant qu'elle serait à lui, et tant qu'il siégerait à l'Assemblée, aucun autre membre de la Société ne serait envoyé pour la tuer.

Ce sursis présentait de grands dangers. Pour Tara, évidemment, mais surtout pour lui. Si, finalement, l'Assemblée décidait de punir l'outrage, la jeune femme connaîtrait une fin rapide, sans souffrance. Lui, en revanche, serait condamné au supplice perpétuel de l'exil. Comme Jonathan.

Mais il n'avait pas le choix.

Il prit la main de Tara et l'attira contre son cœur.

— Venez avec moi, supplia-t-il.

— Comment ? balbutia-t-elle.

— Dites oui... Vous ne le regretterez pas.

En prononçant ces mots, il eut pourtant l'impression de se condamner.

« Tant pis », se dit-il aussitôt. Il ignorait ce qu'il adviendrait d'eux. Il n'osait imaginer l'onde de choc qui allait frapper l'Assemblée, puis la Société dans son ensemble, à cause de cet acte d'insoumission. Il ne pouvait prédire s'il chasserait Tara de sa vie après deux nuits de passion, ou s'il lui proposerait... autre chose. Le Passage, par exemple, pour qu'elle le rejoigne dans l'immortalité.

« Non, non, pas ça ! » s'insurgea-t-il. S'il la transformait, elle perdrait sa vitalité, sa candeur charmante et son rire magnifique. Elle deviendrait froide et amère comme lui, comme tous ceux de son espèce. L'immortalité n'avait rien d'agréable.

Tout ce qu'il savait, maintenant, c'était qu'il voulait l'entendre rire, et serrer son corps souple entre ses bras jusqu'à l'extase.

— Que me proposez-vous ? s'enquit-elle d'un air à la fois intéressé et méfiant.

Gavin hésita une fraction de seconde seulement. Le plan qui s'était échafaudé dans son esprit était incroyable, oui. Mais c'était la seule solution.

Ne fût-ce que pour protéger Tara.

— Je vous demande de m'épouser.

— Quoi ? s'exclama-t-elle, les yeux ronds comme des soucoupes.

— Epousez-moi, répéta-t-il avec encore plus de conviction. Epousez-moi, Tara Michaels. Maintenant. Ce soir.

Voilà, il l'avait dit. Il prenait le risque d'être jugé par ses pairs et condamné comme Renégat — la pire des sentences possibles. Mais peu importait. Si elle l'épousait de son plein gré, elle serait protégée. Au moins pendant quelque temps. Or, il fallait la protéger, puisque pour elle, pour ses beaux yeux, il refusait d'obéir aux ordres et de la tuer maintenant.

Une myriade d'émotions passa dans les yeux de la jeune femme. Gavin y vit de la joie — comme si sa demande en mariage était pour elle un triomphe —, de la crainte aussi — car évidemment elle en ignorait les véritables motivations —, du plaisir, enfin. Et là, Gavin ne put s'empêcher d'espérer qu'elle fût heureuse à l'idée d'assouvir son désir pour lui tout en ayant au préalable scellé le pacte sacré du mariage entre eux.

— D'accord, répondit-elle d'un ton léger, comme si elle acceptait d'aller au cinéma avec lui.

Il sourit. Elle avait dit oui volontairement. Il n'avait pas eu à l'en « convaincre » par ses pouvoirs télépathiques. Elle se donnait librement. Le plaisir qu'il tirerait d'elle en serait décuplé.

Un intense sentiment d'exaltation le saisit. Il frissonna. Jamais il n'avait rien éprouvé de tel. Même du temps où il était encore mortel.

— Nous sommes à Las Vegas, après tout, reprit-elle d'une voix enjouée. On peut se marier dans n'importe quel hôtel. Dans celui-ci aussi...

— Nous allons appeler un homme de loi, déclara-t-il. Nous prendrons nos témoins parmi vos invités. D'accord ?

Sans le quitter des yeux, elle tendit le bras pour faire signe à Tom d'approcher.

Un quart d'heure plus tard, celui-ci fit entrer dans le salon un petit homme replet, au visage rubicond, qui ouvrit un cahier administratif, les regarda une demi-seconde avec un air blasé, puis leur demanda leurs noms.

— Le mariage sera vraiment officiel ? s'enquit Gavin quand ils eurent décliné leurs identités.

— Tout à fait, répondit le petit homme. Je suis assermenté pour effectuer les mariages express dans toute la ville.

— Parfait.

A son côté, Gavin sentit Tara frissonner. Il la regarda en

souriant, lui promettant en pensée de la faire bientôt trembler encore plus fort, dès qu'ils seraient mari et femme.

Quant à lui, il ne pouvait prédire s'il tremblerait de plaisir ou s'il serait rongé par la crainte du châtiment que lui réserverait l'Assemblée...

3.

Tara se mit à trembler lorsque, une heure après l'arrivée de M. Olafsen, l'officier assermenté, l'étrange créature de la nuit dénommée Gavin Deveroux lui glissa à l'annulaire la magnifique alliance en brillants qu'il venait d'acheter à la joaillerie de l'hôtel, et fit la promesse de l'aimer jusqu'à ce que la mort les sépare.

Dans un sursaut de volonté, elle faillit tout à coup protester, s'élever contre ce faux mariage. Car, bien sûr, c'était absurde qu'elle épouse ce personnage — ce « vampire » qui, pour entretenir sa misérable existence, s'abreuvait au cou de malheureux mortels !

C'était d'autant plus insensé que leurs vœux d'amour éternel seraient probablement anéantis au lever du jour. Dans dix ou douze heures, si le plan de Tom fonctionnait comme prévu, elle serait veuve !

— Ainsi, je vous déclare mari et femme, conclut M. Olafsen.

Tara secoua la tête, hébétée. Elle avait maintenant un mari ! Un époux qui n'était pas un homme, pas au sens classique du terme en tout cas. Quoique, en apparence, il fallait l'admettre, il possédait une beauté d'athlète racé que beaucoup de mortels auraient pu lui envier.

Elle n'osait plus le regarder. Et tandis qu'il lui étreignait la main, nouant leurs doigts ensemble, elle se demanda pour la énième fois pourquoi il avait voulu l'épouser.

Sa décision à elle s'expliquait facilement. Dans un

moment, elle pourrait l'attirer dans sa chambre d'hôtel et l'y retenir jusqu'à l'aube. Tom la rejoindrait alors pour exécuter le plan qu'il avait élaboré avec soin durant ses mois d'emprisonnement — quand la police croyait encore qu'il était l'assassin de Charlene.

Il devait une fière chandelle aux analyses d'A.D.N., qui avaient finalement apporté la preuve de son innocence. Un brin d'A.D.N., quelques mois d'enquête, et il avait recouvré la liberté. Depuis, il se consacrait tout entier à venger la mort de sa bien-aimée.

Tara avait accepté de l'aider, dans la mesure où elle savait que le véritable meurtrier serait toujours hors de portée de la justice des mortels.

Oui, Tom et elle étaient les seuls à pouvoir châtier Gavin Deveroux. Mais pourquoi cette perspective lui procurait-elle un tel sentiment de vide, d'insatisfaction ? pensa-t-elle soudain, la gorge nouée.

— Vous pouvez embrasser la mariée, précisa M. Olafsen.

Gavin, son mari, lui fit face en plaquant leurs mains jointes contre sa large poitrine. Tara fut de nouveau étonnée de sentir un cœur, un véritable cœur battre sous la peau brûlante. Jusqu'alors, elle avait cru que les créatures comme lui, ces morts vivants, étaient dépossédées de cet organe.

Un doute l'assaillit. Et si elle se trompait complètement ? Et si Tom était fou, comme elle l'avait cru tout d'abord, plusieurs mois plus tôt ? Et si la police, qui s'était inclinée à contrecœur devant les résultats de l'analyse d'A.D.N., avait eu quand même raison de croire que Charlene s'était trouvée seule avec Tom ce soir-là ?

Et si elle avait épousé un innocent ? Etait-elle la dupe consentante de la folie de Tom, lequel pour masquer son crime avait inventé de fausses « preuves » contre le vampire ?

Incertaine, elle leva les yeux vers Gavin. Une lueur chaude brillait dans ses pupilles. Il paraissait très content de lui. Elle lutta contre ses doutes. Ce type prétendait ne pas connaître Charlene, mais il avait admis s'être trouvé en sa présence la nuit de sa mort. Et il manifestait un intérêt...

coupable pour le journal. Elle ne devait plus s'interroger comme elle venait de le faire. Tom avait raison. Une créature assoiffée de sang comme Deveroux n'avait pas le droit de vivre.

— Tara, murmura-t-il, tu es ma femme, désormais.

Elle inspira profondément, s'exhortant au courage. Elle ferait le nécessaire pour le retenir dans la chambre jusqu'à l'aube. Et si elle devait s'offrir pour atteindre ce but, eh bien... elle se donnerait tout entière.

Gavin inclina la tête pour l'embrasser sur les lèvres. Il y mit tant de tendresse ardente qu'elle en fut surprise.

Cette créature n'aurait-elle pas dû être froide comme la mort, et lui inspirer du dégoût ? se demanda-t-elle, avant de s'apercevoir que, bien au contraire, elle avait envie de se serrer contre lui et de l'enlacer.

Et, tout à coup, elle fut incapable de lutter contre cet homme viril et séduisant, tant le plaisir de leur étreinte la bouleversait.

Confusément, elle entendit ses invités applaudir et pousser des cris de joie. La plupart de ces gens étaient les amis de Charlene, pas les siens. Ils ignoraient qu'elle ne connaissait Gavin que depuis une heure. Ils n'avaient pas non plus idée de sa véritable nature.

Le baiser de son mari éveillait en elle des sensations magiques, comme elle n'en avait jamais éprouvé, et, spontanément, elle le lui rendait avec d'autant plus de ferveur que se dressait contre son aine la preuve indiscutable qu'il la désirait.

Elle non plus n'avait pas menti : elle voulait faire l'amour avec lui. C'était insensé, c'était inexplicable, mais c'était ainsi : elle avait envie de lui comme jamais elle n'avait eu envie d'un homme !

Il rompit le sceau de leurs lèvres, et lui caressa la nuque, l'invitant à appuyer le visage contre sa poitrine. Elle le sentit trembler un peu. Il semblait aussi bouleversé qu'elle par leur baiser.

— Tara, murmura-t-il. Tu es si douce...

Elle détourna les yeux et aperçut Tom au fond du salon.

Son expression disait toute la haine qu'il vouait à Gavin, et le plaisir qu'il aurait à le tuer.

Tara frissonna. Ce regard échangé avec Tom lui rappelait qu'elle venait d'épouser un monstre. L'homme qui la tenait si fermement contre son large buste, dont les doigts lui caressaient délicieusement la nuque, était le meurtrier sanguinaire de sa sœur !

Elle aurait dû s'écarter de lui, garder son sang-froid et se préparer à le manipuler toute la nuit durant. Mais il se pencha pour l'embrasser sur la tempe, puis dans le cou, avec une telle délicatesse qu'elle fut incapable de lui résister. Pis : elle inclina la tête pour mieux s'offrir à ce baiser sensuel.

Seigneur ! pensa-t-elle avec effroi. Qu'avait-elle fait ? Pourquoi avait-elle épousé ce vampire, cet assassin — cet amant merveilleux dont le contact l'enivrait ?

Comme s'il avait perçu ce trouble, il se redressa et la regarda avec un sourire apaisant. Tara détourna les yeux. Elle ne savait que dire. Heureusement, quelqu'un éleva la voix pour réclamer du champagne, puis une femme — Helen, peut-être — se mit à chanter une chanson d'amour des années 70.

Les invités reprirent l'air en chœur, mais d'une façon discordante, bizarre. Tara songea avec ironie que ce pauvre élan musical allait plutôt bien avec cette cérémonie truquée, ce mariage bidon qui sonnait complètement faux.

Elle se risqua à regarder de nouveau Gavin. Curieusement, il semblait bouleversé... et peut-être même terrifié.

Pourquoi ? De quoi avait-il peur ? se demanda-t-elle. Des révélations contenues dans le journal de Charlene ? Certes, ce que sa sœur avait écrit était terrible pour lui et ses semblables, mais pouvait passer pour de l'affabulation. La police, en tout cas, n'avait pas pris au sérieux ce témoignage écrit. Ce qui, au demeurant, n'avait rien d'étonnant puisque très rares étaient les humains prêts à croire à l'existence d'une race secrète d'êtres surpuissants et immortels.

Elle-même, qui avait pourtant confiance en sa sœur, avait mis des mois à accepter cette hypothèse. Tom avait dû lui présenter de nombreux indices pour la convaincre que Charlene n'était pas folle et qu'elle avait effectivement fréquenté un vampire.

Aujourd'hui encore, elle ne s'expliquait pas comment sa sœur avait pu aimer un tel monstre.

Et elle, comment avait-elle pu « épouser » celui-là ? se demanda-t-elle alors que Gavin l'enlaçait par la taille pour recevoir les félicitations des invités. C'était absurde !

La foule applaudit encore.

— Vive les mariés ! cria quelqu'un.

Rapidement, le personnel de l'hôtel offrit à chacun une coupe de champagne.

Helen s'approcha d'eux.

— Je tenais à féliciter les jeunes époux, dit-elle. Puissiez-vous trouver ensemble tout le bonheur que vous méritez.

« Tu parles d'un bonheur ! songea Tara avec ironie. Un assassin marié à une meurtrière en puissance. Sacré couple que nous formons là ! »

La peur lui noua soudain le ventre. Sa main se mit à trembler si fort qu'elle s'éclaboussa en portant son verre à ses lèvres. Elle baissa les yeux, réprimant un frisson. On disait que c'était signe de malchance de renverser du champagne. Elle n'était pas particulièrement superstitieuse, mais aujourd'hui... elle n'était plus sûre de rien !

Doucement, Gavin lui saisit la main et l'aida à boire. Elle le remercia en plongeant ses yeux dans les siens, tandis qu'il buvait à son tour pour sceller leur union.

Puis un serveur vint les débarrasser de leurs verres vides. Alors, Gavin se retourna vers elle, lui prit de nouveau la main, et, trouvant celle-ci encore humide de champagne, se mit à lui lécher les doigts, un à un...

Un silence étonné tomba sur la foule, et Tara sentit tous les regards converger sur eux. Elle aurait dû avoir honte, être gênée par ce geste provocateur. Mais non. Elle n'éprouvait que du plaisir. Tremblante, elle ferma les yeux et s'entendit pousser un soupir d'extase tandis qu'en point d'orgue, Gavin lui titillait la paume avec la pointe de sa langue.

Il la lâcha soudain, et elle rouvrit les yeux pour rencontrer le regard malicieux dont il la couvait.

Elle ne le voulait pas, mais elle sourit aussi.

Et, comme pour parfaire la scène, tandis que les invités applaudissaient à tout rompre, il la souleva soudain dans ses bras, tel un chevalier emportant sa belle princesse, et se dirigea vers la sortie du salon.

Tara éclata de rire en quittant la salle, tant elle trouvait la situation parfaitement absurde et incroyablement charmante.

— J'aime ton rire, murmura-t-il en se dirigeant vers les ascenseurs.

— Merci, balbutia-t-elle, confuse.

— Tu as une chambre dans cet hôtel, n'est-ce pas ?

— Oui. Au quinzième étage.

Quelques instants plus tard, ils longeaient le couloir menant à la suite que Tara occupait depuis son arrivée à Las Vegas. Gavin la portait encore, et elle se sentait désespérément bien dans ses bras...

4.

Quand ils entrèrent dans la chambre, cependant, Tara fut soudain la proie d'une peur immense. Subitement, elle prenait conscience que la nuit allait être longue, très longue avant l'arrivée de Tom. Et Gavin avait beau être son mari, il n'en restait pas moins un vampire et un assassin dont elle avait toutes les raisons de se méfier. Avec lui, elle courait le plus grand des dangers !

Il la reposa doucement sur ses pieds. Aussitôt elle s'écarta et lui déroba son regard. Malgré sa frayeur, elle était encore troublée, délicieusement chamboulée par leur dernière étreinte. La virilité incroyable de cet... cette créature l'empêchait de réfléchir de façon cohérente.

Son regard se posa sur le lit. Il lui parut gigantesque, comme s'il n'y avait que lui dans la pièce, promesse de plaisirs insoupçonnés.

Elle secoua la tête. Elle redoutait de rester seule avec Gavin, et en même temps elle ne songeait qu'à se jeter avec lui, bras et jambes emmêlés, sur ce lit moelleux et sensuel. Avait-elle perdu la tête ?

— Tara...

Elle essaya de rassembler son courage.

— Tara, nous devons parler, ajouta Gavin avec douceur.

Elle se força à lui faire face — et fut étonnée de constater qu'il avait l'air aussi mal à l'aise, aussi nerveux qu'elle. En définitive, ils ressemblaient à ces jeunes mariés d'autrefois, qui après la noce se retrouvaient seuls pour la première fois, intimidés, ne sachant trop que faire l'un de l'autre.

Mais non, elle se trompait, se dit-elle. Il n'était pas gêné par cela, lui ! Il avait autre chose en tête. Mais quoi ? Qu'allait-il lui dire ?

Soudain affolée de le voir esquisser un pas vers elle, elle lui fit signe de rester où il était.

Gavin s'immobilisa, essayant d'analyser l'étrange sensation qui s'emparait de lui à cet instant. Il éprouvait du désir, mais pas seulement... Il y avait autre chose... Un sentiment qu'il identifiait vaguement — mais qui lui faisait trop peur pour qu'il le reconnût.

Il avait de la peine, aussi, de voir Tara prendre peur en face de lui. Souvent, les mortelles qu'il avait séduites dans le passé l'avaient craint. C'était normal, cela faisait même partie du jeu qu'il instaurait entre elles et lui. Mais là, avec Tara, il avait envie que cela se passe... autrement.

Si elle avait été une femme ordinaire, il se serait sans doute servi d'elle pour prendre un plaisir rapide et sans conséquences. Mais Tara était « sa femme », son épouse légitime. Pour cette raison, au moins, il voulait bien faire les choses. Et aussi parce que Tara possédait des qualités qui lui plaisaient énormément...

Tout à coup, pour la première fois depuis son Passage et son entrée dans la Société, Gavin regretta de ne plus être un simple mortel — un homme vulnérable et sans défense, mais qui sût inspirer l'amour et la tendresse, un homme qui pût charmer une femme par des émotions vraies, authentiques.

Ce qui n'était pas le cas, hélas, des vampires.

Il fit un pas vers Tara. Elle s'était donnée à lui volontairement. Elle avait accepté de l'épouser sans qu'il eût besoin de la contraindre. Mais puisqu'elle le savait dénué de sentiments, ce n'était pas pour ses qualités de cœur qu'elle avait accepté leur mariage.

Il en déduisit qu'elle avait scellé leur union pour un motif secret — sans doute lié à sa relation étrange avec Tom, l'homme qu'il avait surpris près de Charlene le soir du meurtre. Tara avait donc accepté ce mariage pour mieux se venger.

Cependant, il aimait se dire qu'entre ses bras, elle n'avait pas simulé son plaisir. Dans son baiser, il avait perçu une véritable ardeur, sincère et absolue.

Etait-il naïf ? Se trompait-il ? En tout cas, il voulait savoir ce qu'elle pensait de lui. Il avait « besoin » de savoir.

— Tara..., commença-t-il avec hésitation. Tu sais ce que je suis, n'est-ce pas ?

Elle le dévisagea un instant, l'air incertaine. Puis elle acquiesça en silence.

— Pourquoi m'as-tu épousé ? demanda-t-il. Réponds-moi.

Visiblement embarrassée, elle se mordit la lèvre.

— Franchement, murmura-t-elle, je ne sais pas. Je voulais... Je devais...

Elle secoua la tête.

— Et toi ? reprit-elle. Pourquoi m'as-tu épousée ?

La question resta sans réponse, comme s'ils admettaient, l'un comme l'autre, qu'il leur était impossible d'être honnêtes sur ce point, qu'ils se méfiaient trop l'un de l'autre.

— Peux-tu me montrer le journal de Charlene ? demanda-t-il.

Cela le gênait de mentionner ce satané document, mais il préférait en connaître le contenu. Ensuite, sans doute, il comprendrait mieux les motivations de Tara. Il saurait si elle avait bêtement provoqué l'Assemblée, ou si, comme il l'espérait, elle avait juste cherché à entrer en contact avec les vampires.

— Il... n'est pas ici, bafouilla-t-elle.

Il soupira.

— Pas de mensonges entre nous, Tara, s'il te plaît. Si ta sœur nous connaissait vraiment comme tu le prétends, elle doit avoir écrit dans son journal que les vampires ne peuvent jamais mentir. Partons sur de bonnes bases, d'accord ? Ne me mens pas.

Elle baissa les yeux. Il s'approcha d'elle. Elle n'essaya pas de le fuir. Lentement, elle releva le menton et le sonda du regard, à la fois avec méfiance et avec attention, comme si elle le jaugeait. Il fut touché par le courage et la vulnérabilité qu'il lisait, une nouvelle fois, dans ses pupilles.

Alors qu'il se passait une main dans les cheveux pour écarter une mèche rebelle, il retint son souffle en voyant les yeux de Tara glisser sur son bras, de son épaule jusqu'à ses doigts, puis se fixer sur ses lèvres. C'était comme si... comme si elle l'avait embrassé par le regard.

Les joues de la jeune femme rosirent. Elle paraissait troublée, elle aussi. Gavin était content, car cela confirmait ce qu'il pensait : si elle l'avait épousé pour de fausses raisons, elle n'en ressentait pas moins de vraies émotions vis-à-vis de lui.

— Tara..., murmura-t-il comme s'il entamait une prière. Viens...

Alors, répondant à son vœu, elle se rapprocha de lui et se glissa entre ses bras, dans un mouvement fluide et souple d'abandon complet. Il l'enlaça doucement, avec une telle déférence qu'il s'étonna lui-même de la tendresse de son geste.

Il ignorait pourquoi elle se livrait ainsi, maintenant, mais peu importait. Profiter de l'instant, jouir de sa présence, voilà tout ce qu'il souhaitait.

— Tara, Tara..., murmura-t-il encore, rien que pour le plaisir de dire son nom.

— Gavin..., souffla-t-elle.

Au plus profond de lui-même, il sentit qu'un lien puissant existait entre eux. Un lien beaucoup plus fort et significatif que celui qu'ils avaient tissé en gribouillant leurs noms sur l'acte de mariage.

« Ah, Jonathan, comme je regrette de t'avoir trahi ! pensa-t-il avec sincérité, ivre de joie de sentir le corps souple et sensuel de Tara contre le sien. Je ne savais pas ce que tu vivais. Je ne comprenais pas ce que cette femme t'avait apporté. Aucun de nous ne sait vraiment ce qu'il en est... »

Soudain, il eut un éclair de lucidité. Tout était clair. Il devinait pourquoi la Société interdisait les relations amoureuses avec les mortels. Posséder une femme, la prendre pour le simple plaisir de la chair, c'était acceptable. Mais éprouver l'étrange et déroutant désir de chérir et d'aimer, voilà qui était inadmissible. Car agir ainsi, c'était mettre la Société en péril !

En effet, si l'on s'attachait à une mortelle comme Tara, on éprouvait — comme lui, maintenant — l'envie de partager avec elle davantage qu'une aventure sexuelle. Il voulait lui parler, discuter avec elle, découvrir son passé et lui révéler le sien, lui ouvrir son âme et ses pensées les plus intimes. Or, la Société ne pouvait accepter que les vampires se livrent ainsi, se fragilisent face aux mortels.

Le cœur de Tara battait contre le sien. Il savourait la pression de ses seins fermes plaqués contre lui. Il adorait le frémissement d'émotion qu'il percevait dans tout son corps.

Elle était sa femme, son épouse. Il voulait la serrer plus fort encore, et il voulait la protéger de tout — de lui, des autres vampires, des dangers de la vie.

Depuis combien de siècles n'avait-il eu des pensées aussi pures ? Pendant combien de siècles n'avait-il connu la douceur merveilleuse des sentiments que lui inspirait Tara ?

Il ferma les yeux et comprit qu'il était perdu.

Oui. Perdu. Car un immortel n'avait pas droit aux sentiments, aux plaisirs de l'amour. Et pourtant, il savait que, désormais, il n'aurait plus d'autre souhait que d'être aimé par Tara.

Tara ne s'expliquait pas pourquoi elle s'était glissée entre les bras de Gavin. Mais connaissait-on vraiment les raisons pour lesquelles on avait envie d'être enlacé, embrassé, emporté par la passion ?

Elle savait qu'entre eux, il n'y avait pas d'amour. Au demeurant, ils partageaient davantage qu'une simple attirance physique — elle en était convaincue. Quelque chose d'indéfinissable, de « magique », les envoûtait tous deux et leur donnait envie de se livrer l'un à l'autre.

Elle sentait qu'il était aussi troublé qu'elle. Elle percevait en lui une grande vulnérabilité, qu'elle ne s'expliquait pas mais qui la touchait profondément.

Elle aurait préféré se dire qu'elle tremblait parce qu'elle avait peur de lui, mais bien sûr c'était faux. Elle ne pouvait se voiler la face. Si elle frissonnait dès qu'il la touchait, c'était parce qu'il lui plaisait comme aucun homme ne lui avait jamais plu. Il éveillait en elle des sensations et des pensées qu'elle n'avait jamais soupçonnées.

— Ah, Tara..., lui murmura-t-il à l'oreille. Tu es une femme... déroutante. Entre tes bras, je perds mes repères. Je ne sais plus très bien qui je suis. Et en même temps... c'est comme si... je me découvrais enfin. Cela te paraît absurde ?

— Non, chuchota-t-elle, bouleversée par cette confidence.

Elle leva une main pour lui caresser les cheveux, tandis que ses lèvres s'entrouvraient pour mieux s'offrir...

— Oh ! Tara...

Leurs bouches s'unirent dans un baiser qu'ils approfondirent ensemble, avec de plus en plus de passion.

Soudain il releva la tête et la regarda, l'air éperdu.

— Je jure, Tara, déclara-t-il solennellement, que jamais je ne te ferai le moindre mal. Pas de mon plein gré, en tout cas.

Elle cilla, étonnée par cette assertion qui paraissait sincère, et sonnait en même temps comme un avertissement.

« Pas de mon plein gré, en tout cas, » se répéta-t-elle avant de se demander pourquoi il avait apporté cette étrange précision. Voulait-il dire que, dans certaines conditions qui échappaient à sa volonté, il était capable du pire ?

Mais, quoi qu'il ait voulu dire, elle s'interdisait de sombrer une fois de plus dans la méfiance et la peur. Elle préférait... avoir confiance en lui.

— Je ne m'appelle pas Tara Michaels, murmura-t-elle d'un air timide.

Et comme il fronçait les sourcils, elle s'irradia cette fois d'un lumineux sourire pour préciser :

— Je suis Mme Tara Deveroux, désormais.

Gavin éclata de rire, avant de l'enserrer de nouveau entre ses bras puissants pour l'embrasser à perdre haleine.

Tara s'abandonna à la volupté de ce baiser en songeant avec délectation que le destin avait bien fait de les réunir.

Quand il l'invita à reculer vers le lit, elle ne lui résista pas.

Elle ne chercha pas non plus à se dérober aux mains brûlantes qui partaient à la découverte de son corps en caresses expertes.

Elle essaya de se convaincre qu'elle se laissait faire parce qu'elle avait juré de le retenir dans la chambre jusqu'à l'aube, par tous les moyens possibles. Mais tandis qu'il commençait à la dénuder en comblant de baisers chaque parcelle de peau dévoilée, elle fut forcée d'admettre qu'elle n'avait d'autre motivation que son désir.

— Tara..., murmura-t-il en lui retirant sa robe. Tu es si belle... Tu es incroyable...

Tout dans ce compliment attestait d'un authentique émerveillement. Tara y décelait aussi une part de désenchantement qu'elle ne s'expliquait pas, mais qui la touchait.

Décidément, pensa-t-elle tandis qu'il couvrait ses seins de baisers, Gavin était peut-être un monstre, une créature incompréhensible. Mais, par sa sincérité et ses caresses, il lui apparaissait comme le plus humain et le plus merveilleux des hommes.

5.

Gavin avait cru, jusqu'à ce soir, qu'il connaissait tout des plaisirs de la chair. Depuis son Passage, il avait éprouvé tous les plaisirs physiques, exploré toutes les nuances de la sensualité. Mais rien de ce qu'il avait vécu jusqu'à maintenant ne l'avait préparé à sa rencontre avec Tara.

D'une façon qu'il ne s'expliquait pas, cette femme exerçait sur ses sens un pouvoir presque... magique, qui émanait de Tara elle-même, de sa personnalité admirable. Et aussi de son corps magnifique qu'il adorait caresser, embrasser, qu'il avait envie de chérir et d'honorer comme jamais.

Lui qui n'avait pas droit aux émotions, il était la proie d'un trouble immense. En même temps il se sentait fort, comme s'il atteignait — grâce à Tara — un niveau de conscience supérieur. Et dans cette puissance nouvelle qui se révélait à lui, il trouvait aussi la confiance et le sens de la responsabilité. Tout cela l'incitait à combler la jeune femme — à faire de leur nuit un épisode inoubliable.

Il s'agenouilla devant elle sur le lit, couvrant toujours son sublime corps de caresses douces et ardentes à la fois, explorant chaque courbe de sa silhouette, chaque zone sensible, refusant la réciproque pour qu'elle savoure pleinement, d'abord, le plaisir qu'il lui offrait.

Elle savait qu'il était vampire. Elle avait toutes les raisons de le craindre. Et pourtant, elle se donnait maintenant à lui sans retenue, sans frayeur. Pour Gavin, c'était une preuve supplémentaire de la grandeur d'âme et du courage de cette femme. Il en était bouleversé.

Il vivait constamment dans un monde de ténèbres, sans jamais voir la lumière du jour. Pour cette raison, il ne voulait pas éteindre les lumières. Il avait envie d'admirer Tara sous la lueur dorée des lampes de chevet. Il aimait voir son corps trembler, ses paupières battre au rythme de ses halètements, ses lèvres s'entrouvrir pour laisser passer un gémissement de plaisir.

Soudain elle tendit les bras pour lui enlever sa chemise et roucoula d'un rire de gorge en s'y appliquant.

Gavin sentit son cœur chavirer. C'était si bon d'allier le plaisir des sens et la joie d'un rire simple et enjoué comme le sien !

Puis il la contempla quelques instants en silence.

Ce qu'il vivait maintenant, pensa-t-il dans une brusque bouffée de tristesse, non seulement il ne voudrait jamais l'oublier, mais il ne cesserait de vouloir le revivre. Hélas, trois fois hélas ! Comment pourrait-il, après avoir aimé Tara, retourner au vide qu'était son existence de vampire ? Comment supporter le néant quand on a tout eu ?

Malheureusement, il n'avait pas le choix. Les sentiments qui l'animaient maintenant, il les laisserait ici, dans cette chambre, à l'aube. Car il devrait partir, un vampire n'ayant d'autre solution que de se cacher au lever du jour — puisqu'il n'avait aucune place aux côtés des mortels.

Il se figea tandis qu'une nouvelle prise de conscience s'imposait à lui. C'était là une autre raison pour laquelle la Société interdisait les relations sentimentales entre vampires et mortels. L'amour donnait envie de vivre au soleil, avec les humains. L'amour fragilisait les vampires en leur mettant en tête des désirs impossibles. Il fallait éviter cela, sous peine de compromettre la pérennité de la Société !

— Gavin... ?

Il baissa les yeux sur elle. Etait-ce pour cela qu'elle l'avait épousé ? Pour le rendre vulnérable, amoindrir ses facultés ? Oui, évidemment. Elle savait qu'en le séduisant, elle prenait de l'ascendant sur lui et pourrait en tirer profit... avec Tom.

Curieusement, alors que cela aurait dû le mettre en colère, cette pensée le rendait juste triste, malheureux pour lui-même comme pour elle puisqu'elle souffrirait autant que lui de leur incompatibilité. Car, il le savait, si elle avait la volonté de le détruire, elle n'en était pas moins sincèrement émue par ce qui se passait entre eux en ce moment.

Quelle union bizarre ils avaient forgée ensemble, décidément ! se dit-il, plein d'amertume. Chacun devait faire du mal à l'autre, et néanmoins chacun ne pensait plus qu'à se laisser aller, à jouir des sensations que leur étreinte leur procurait.

Que leur arrivait-il donc ? se demanda-t-il une fois encore. Ils ne s'aimaient pas, bien sûr. Ils se plaisaient, mais l'amour... Non, ce n'était pas ça. En outre, un vampire était incapable d'aimer.

Alors, de quoi s'agissait-il ?

Comme si elle avait lu dans ses pensées et en partageait la confusion, Tara lui prit le visage entre les mains, lui caressant tendrement les tempes. Elle soupira.

— Ah, Gavin, murmura-t-elle, je ne sais pas ce qui se passe, entre nous... Mais je ne suis pas sûre de vouloir comprendre.

Et, sur ce, elle le repoussa, l'invitant à s'allonger sur le dos, pour s'asseoir à califourchon sur lui. Elle se baissa pour l'embrasser sur la bouche, fiévreusement, comme le lui commandaient ses sens. De toute sa vie, elle n'avait éprouvé une liberté aussi grande que celle qu'elle éprouvait avec cet homme. Ce n'était pas à cause de l'alliance qu'elle portait au doigt — après tout, elle avait épousé Gavin sur un coup de tête ! C'était à cause de quelque chose qui était... beaucoup plus profond.

D'une bouche voluptueuse, elle partit explorer le torse musculeux de son amant, frémissante de bonheur au moindre gémissement qu'elle lui arrachait.

Comme c'était bon d'être avec lui ! pensa-t-elle. Et comme elle se sentait bien ! Si bien qu'elle aurait pu jurer que tout ce qu'elle avait fait dans sa vie jusqu'alors, toutes ses décisions et ses actes n'avaient eu, en définitive, d'autre but que de la conduire ici, dans cette chambre, à ce moment précis, avec cet homme exactement.

Elle releva la tête... et s'inquiéta de voir qu'une expression un peu peinée marquait les traits virils de Gavin.

— Pourquoi as-tu l'air si triste, parfois ? murmura-t-elle.

Il la considéra quelques secondes d'un air anxieux.

— Parce que tu me donnes envie de connaître des choses dont je ne devrais pas avoir envie, répondit-il dans un soupir rauque.

Elle redressa le buste, posant les mains à plat sur le ventre ferme de son mari.

— Tout ce que nous faisons, là..., reprit-il. C'est divin. C'est... magique. Je n'y suis pas... habitué. Et c'est interdit...

Il détourna la tête, comme s'il avait honte de ses pensées, de ses sentiments. Tara en eut le cœur serré. Gavin était peut-être un vampire, mais il était aussi humain que n'importe quel mortel.

— Qu'est-ce qui est interdit ? demanda-t-elle d'une voix douce.

Il soupira encore, et plongea ses yeux dans les siens.

— Les mortels désirent aimer, recevoir et donner des caresses, rire... Ils ont l'espoir d'aimer et d'être aimés en retour. Toi, Tara, tu me donnes envie de toutes ces choses. Quand j'étais encore mortel, j'étais animé par les mêmes... pulsions. Mais chez les vampires, c'est interdit. Nous considérons que c'est mal d'être attiré par un mortel. C'est mal, aussi, d'avoir des émotions.

Tara se pencha vers lui. Son aveu et l'honnêteté absolue dont il faisait preuve la bouleversaient.

— Pourquoi est-ce mal ? murmura-t-elle. C'est si merveilleux, au contraire...

Il l'entoura de ses bras.

— Oui, mais c'est dangereux, répliqua-t-il avant de la serrer désespérément contre lui. Ne parlons plus de ça, veux-tu ? Et savoure plutôt mes caresses...

Voluptueusement, il lui malaxa les fesses, tout en ondulant doucement du bassin pour lui faire sentir la force de son désir, tandis qu'elle se frottait sensuellement contre lui, gémissant de plaisir.

— Oh, Gavin... Pourquoi est-ce si mal ? répéta-t-elle. J'adore quand tu me touches ainsi... C'est incroyable le bonheur que tu me donnes. Et ton cœur bat si fort que je pourrais l'écouter sans jamais me lasser...

Il sourit.

— Je crois qu'il bat pour toi, confia-t-il.

Tara sentit une larme rouler sur sa joue.

— Tu dis que tu ne peux pas me mentir, balbutia-t-elle. Donc... tu dis toujours la vérité ? Même... maintenant ?

— Oui. Avec toi, Tara, je veux être totalement sincère.

Tout à coup, elle se sentit mal. Elle non plus, elle ne voulait pas mentir. Or, elle n'avait pas dit à Gavin pourquoi elle se trouvait ici avec lui. C'était une forme de mensonge insupportable. Elle essaya de se dégager de leur étreinte, pour se lever et mettre un terme à ce qui apparaissait de plus en plus comme une mascarade, mais il la retint fermement.

— Que se passe-t-il, Tara ?

— Gavin...

— Embrasse-moi encore, Tara.

— Gavin, il faut vraiment que je t'avoue...

— Moi, il faut que je te savoure, murmura-t-il avec un sourire langoureux.

— Tu ne comprends pas. Il y a des choses terribles...

— Il y en aura toujours, Tara. Mais pour le moment, oublions ça. Profitons simplement de ce que nous avons, ici, en tant que mari et femme.

Il lui flatta sensuellement les seins.

— Gavin, non, supplia-t-elle, tremblante d'effroi et de désir mêlés.

— J'aimerais faire semblant... Faire comme si nous nous aimions comme des époux normaux. Permets-moi de ressentir cela. Permets-moi de vivre ce fantasme. Et laisse-moi venir en toi.

Elle ferma les yeux. Incapable de résister à l'attrait de sa voix chaude, à la promesse que contenaient ses paroles, elle se coucha de nouveau sur lui et s'abandonna à l'ivresse de leurs baisers.

Quand il prétendait vouloir faire semblant, il avouait qu'il ne s'agissait, pour lui, que d'une aventure sans conséquences, se disait-elle. Mais en ce qui la concernait, elle savait déjà que, si son corps répondait à l'ardeur virile du corps de Gavin, son esprit et son âme ne faisaient pas semblant. Les sentiments qu'elle sentait naître en elle pour cet homme, ce vampire, étaient... vrais.

6.

Gavin comprit qu'il était perdu. En l'implorant de se donner à lui, il avait franchi une frontière terrible. Mais voilà : il désirait cette femme comme jamais il n'avait désiré une femme, et il voulait découvrir ce qui se cachait derrière cet étrange lien qu'il sentait entre Tara et lui. Il ignorait tout des sentiments amoureux, il ne comprenait pas ce qu'il leur arrivait, mais il tremblait tellement qu'il avait envie de se perdre dans le corps moelleux de son amante.

Il le souhaitait si fort qu'il ne songeait pas à une seule nuit d'amour, mais à plusieurs — à toutes les nuits qui suivraient celle-ci. C'était bien sûr impossible. Pourtant il y rêvait quand même !

Les cheveux de Tara caressaient son épaule tandis qu'elle lui léchait la poitrine, lui procurant des frissons de plaisir incroyables. Il la renversa sur le dos pour lui rendre la pareille, et il eut envie de rire de bonheur et d'exaltation, quand elle arqua les hanches pour mieux s'offrir à ses baisers.

Il fit courir ses mains sur les courbes appétissantes, s'enivrant de sa peau soyeuse, chaude, des halètements qu'il lui arrachait.

Quand, impatiente, elle chercha à lui enlever sa ceinture, il n'essaya pas de l'en empêcher. De tout son être, il voulait s'unir à elle, et noyer les pensées sombres qui l'avaient accablé depuis le début de la soirée dans un flot de sensations inouïes.

Quand ils se retrouvèrent aussi nus l'un que l'autre, il la contempla, lui écarta les jambes et s'agenouilla pour découvrir, dans toute la beauté de son mystère, le mont de Vénus...

Un long gémissement d'extase la secoua quand il posa ses lèvres sur elle. Tandis qu'elle lui agrippait les cheveux, il l'embrassa avec douceur tout d'abord, puis de plus en plus passionnément. Il prenait un plaisir incroyable à l'honorer ainsi, un plaisir qui le secouait des pieds à la tête. Mais par-dessus tout, il était... bouleversé de la voir s'ouvrir ainsi à lui. Et soudain, comme il titillait le point le plus sensible, il comprit qu'après cette nuit, il ne serait plus le même. De constater que Tara s'offrait tout entière à lui, sans retenue — malgré les peurs qu'il lui inspirait —, il se trouvait comme... métamorphosé.

Alors, les siècles d'obscurité et d'existence maussade qu'il avait connus jusqu'à ce soir s'évanouirent dans son esprit. Il redevint un homme, presque un mortel, en tout cas un être d'émotions et de sentiments — à la fois ravi par ce qu'il avait trouvé avec Tara et terriblement effrayé à l'idée de perdre cette chose si précieuse.

— Oh, Gavin, comme c'est bon, murmura la jeune femme.

Jamais Tara ne s'était sentie aussi libre et aussi heureuse. Le plaisir que Gavin lui donnait avec sa langue et sa main la transportait totalement, elle avait l'impression de sortir d'elle-même. Le temps, l'espace ne comptaient plus. Elle n'était que sensations et vertiges.

Tout à coup, elle fut prise par un spasme violent qui naquit au bas de son ventre et se répandit, comme un éclair, à travers tout son être. Elle cria en crispant les mains sur la nuque de son amant.

— Gavin, murmura-t-elle, haletante. Oh, Gavin...

Il releva lentement la tête et la considéra de ses yeux embrumés de désir. Alors, chavirée, elle lui tendit les bras, l'invitant la rejoindre, à trouver en elle le contentement et le bonheur qu'il venait de lui donner.

Comme il s'allongeait sur elle, ses longs cheveux lui chatouillèrent la poitrine, éveillant dans ses seins de délicieuses petites palpitations. Etonnée et émerveillée de constater que son corps répondait déjà à de nouvelles stimulations, Tara s'ouvrit en cambrant les reins pour accueillir en elle le sexe gorgé de désir de son amant.

Le mouvement de doux va-et-vient que leurs corps enlacés adoptèrent aussitôt s'intensifia. La cadence de leur danse s'accéléra, attestant du plaisir qui les galvanisait, jusqu'à atteindre le paroxysme de la volupté.

Sous le choc, Gavin rejeta la tête et le buste en arrière, une expression de pure extase sur les traits, tandis que Tara écarquillait les yeux, frappée par une lumière intense qui irradiait jusqu'à son cerveau.

De nouveau, elle bascula dans le précipice de la jouissance, en même temps que Gavin qui poussa un râle intense en libérant en elle sa chaleur liquide.

L'orgasme les laissa enlacés, l'un sur l'autre, immobiles, l'esprit concentré sur leurs respirations mêlées qui témoignaient du bonheur de leur union. Tara sentit des larmes lui monter aux yeux, et ne chercha pas à les dissimuler quand Gavin se redressa pour lui caresser songeusement le ventre.

— Jamais je ne te quitterai, Tara, murmura-t-il. Même si j'ai tort, même si c'est... impossible, je ne vois pas comment je pourrais t'abandonner, maintenant.

Frappée par l'ambiguïté de ces propos, Tara se figea. A présent que la magie de leur étreinte s'évanouissait, ses doutes, ses craintes refaisaient surface dans son esprit.

Comme elle balayait du regard la chambre d'hôtel, elle se souvint qu'elle l'avait réservée dans le seul but d'y attirer Gavin pour le retenir captif.

Seigneur, qu'avait-elle fait ? se demanda-t-elle. Au lieu de le séduire et de le manipuler, elle avait succombé à son charme. Et elle ne pouvait même pas se réfugier derrière l'idée qu'elle avait agi pour Charlene ou pour Tom. Elle avait fait l'amour avec Gavin pour elle-même. Et pour eux deux.

Et, pendant leur étreinte, elle avait été envahie par les pensées les plus douces, les plus romantiques qu'elle pût imaginer. Car elle avait senti que Gavin était l'être exceptionnel qui pouvait combler ses attentes, satisfaire ses désirs, même les plus secrets. Avec lui, elle avait trouvé... davantage qu'un amant.

Elle ferma les yeux. Tom s'était trompé au sujet des vampires, c'était évident. Il les qualifiait de démons, d'êtres sans cœur et sans âme. Mais cet homme qui la tenait si tendrement entre ses bras avait plus de cœur et plus d'âme que n'importe quel mortel.

A présent, pensa-t-elle en le regardant, elle devait tout lui avouer. Lui parler de l'aube à venir, et de ce qui aurait dû se passer. Car elle savait maintenant qu'elle ne lancerait pas le signal convenu à Tom.

— Gavin... ?

— Oui ? fit-il d'une voix tendue, comme s'il pressentait ce qu'elle allait dire.

Tara prit une profonde inspiration, puis creva l'abcès. Elle lui raconta tout : son « alliance » avec Tom, leur projet commun de capturer Gavin et de le tuer quand il serait affaibli par l'arrivée du jour...

Elle omit cependant de parler de Charlene, et de l'amour que sa sœur lui avait porté.

— Pourquoi me parles-tu de cela maintenant ? s'étonna-t-il.

— Parce que je ne ferai pas ce qui était prévu, assura-t-elle d'un ton si déterminé qu'il la dévisagea longuement.

— A cause de nous ? fit-il en la serrant dans ses bras. A cause de ce que nous venons de partager ?

Elle haussa timidement les épaules. Pouvait-elle lui confier que, par un miracle qu'elle ne s'expliquait pas encore, elle était sur le point de tomber amoureuse de lui ? Non, bien sûr, il ne fallait pas.

Il ne fallait pas qu'elle tombe amoureuse de l'assassin de sa sœur !

Il lui donna un baiser sur la tempe.

— Tara..., chuchota-t-il. Tu n'avais pas besoin de me dire tout cela.

— Dis-moi... Tu savais ce que j'allais te raconter ?

— Je m'en doutais. Est-ce aussi à cause de ce... plan que tu m'as épousé ?

Elle hocha la tête, honteuse.

— Initialement, oui. Mais je veux que tu saches que ce n'est pas pour cela que j'ai fait l'amour avec toi.

— Pourquoi, alors ?

— J'en avais envie, confessa-t-elle.

Et elle se mordit la lèvre pour ne pas avouer qu'elle était tombée amoureuse de lui.

— Et toi, pourquoi as-tu voulu m'épouser ? s'enquit-elle à son tour.

De nouveau, il la regarda longuement. Il paraissait incertain.

— Pour te sauver, dit-il enfin, d'un ton monocorde.

— Quoi ? Je ne comprends pas.

— Pourquoi as-tu provoqué l'Assemblée ?

— Je... Tom et moi, nous pensions que... A cause du journal, tu sais...

Elle fronça les sourcils.

— Provoqué l'Assemblée ? reprit-elle. Non, tu te trompes. Je l'ai... contactée, oui, mais c'était juste pour t'attirer, toi.

— Tu n'attendais rien de l'Assemblée ? s'étonna-t-il.

— Non. C'est toi que Tom... Que nous voulions.

— Pourquoi moi en particulier ?

— A cause de Charlene, répondit-elle sur le ton de l'évidence.

— Mais je ne la connaissais pas. Je ne l'ai vue que... le triste soir où elle est morte.

Tara se raidit entre les bras de Gavin. Il affirmait ne pouvoir lui mentir. Pourtant, le récit de sa sœur était clair. Charlene et lui s'étaient aimés. Donc il mentait quand même, parfois...

Elle frissonna. Avait-il aussi menti au sujet de leur étreinte ? Ce qui venait de se passer entre eux n'était-il qu'un affreux mensonge ?

A quoi bon lui en vouloir ? pensa-t-elle. Si elle avait été trompée, elle ne devait s'en prendre qu'à elle-même. Elle s'était donnée à lui de son plein gré. Elle avait voulu jouir de Gavin, et il l'avait comblée.

Au demeurant, l'idée qu'il venait de lui mentir la blessait plus qu'elle n'osait se l'avouer.

— Charlene a écrit des choses sur toi dans son journal, observa-t-elle d'une voix maussade.

— Sur moi ?

— Oui. Sur l'amour qu'elle te portait. Sur ton amour pour elle. Pourquoi joues-tu les étonnés ?

Il haussa un sourcil.

— Tu m'as fait l'amour, alors que tu as lu que j'étais l'amant de ta sœur ?

Tara baissa les yeux.

— Oui, murmura-t-elle. Je sais, c'est... absurde.

— Et maintenant, l'interrompit-il, tu es prête à me laisser partir sans plus chercher à venger sa mort ?

— Oui.

— Pourquoi, Tara ?

Elle secoua la tête, la gorge nouée, incapable de lui répondre.

Il tendit une main, lui caressa la tempe.

— Tara..., déclara-t-il d'un ton posé. J'ignore ce que ta sœur a écrit dans ce journal, mais le vampire qu'elle aimait, et qui l'aimait, ce n'était pas moi. Je te le jure. Je t'ai dit la vérité... Je ne peux pas te mentir.

Elle se figea. Elle voulait tellement le croire ! Tout son être mourait d'envie de le croire. Mais ce que Charlene avait écrit dans son journal était vrai, là aussi ! Pourquoi aurait-elle nommé Gavin, si ce n'était pas lui son amant ?

— L'homme que ta sœur aimait s'appelait Jonathan, poursuivit-il. Et il a été banni de la Société pour avoir aimé Charlene.

Tara se redressa, scrutant le beau visage de son amant.

— Banni ? Pourquoi ?

— Je te l'ai déjà dit. Les vampires n'ont pas le droit d'aimer des mortels.

7.

Gavin lut une grande confusion sur l'adorable visage de Tara.

— Mais...

— J'ai dit aimer, pas faire l'amour. Nous sommes autorisés à avoir des relations sexuelles avec vous, précisa-t-il en espérant ne pas avoir à s'appesantir sur le sujet.

— Alors... Que se passe-t-il si un vampire brave l'interdit ?

Gavin fut ému par la note d'espoir qu'il percevait dans la voix de la jeune femme.

— Eh bien... Un tel cas de figure ne s'est présenté que deux fois dans toute notre histoire.

« Le premier à avoir franchi le pas était Jonathan, ajouta-t-il en pensée. Quant au second... »

— Deux fois, répéta-t-elle, l'air perplexe. En combien de temps ?

— Des siècles, Tara. Et même des millénaires. Deux fois seulement des immortels ont osé nourrir des sentiments pour des mortels.

— Tu étais un homme autrefois, toi aussi, n'est-ce pas ?

La question plana longuement entre eux. Gavin sentit qu'elle leur faisait autant de mal à tous deux.

— Je suis encore un homme, Tara, répliqua-t-il pour clore le sujet. Mais un homme immortel.

— C'est contradictoire, objecta-t-elle. Un être immortel, par définition, ne peut mourir. Alors qu'un homme...

— Tout être vivant peut mourir, contra-t-il fermement. Même ceux qui ne subissent pas les effets du temps, et vivent indéfiniment. Je veux dire que si l'on cherche à me tuer, je ne suis pas invincible. Tu le sais bien, n'est-ce pas ?

Elle baissa les yeux.

— Ce... Jonathan. Est-ce qu'il aimait ma sœur ?

— Oui. Je crois sincèrement que oui.

— Est-il mort ?

— Je l'ignore.

— Et donc..., balbutia-t-elle, ce serait lui l'assassin ? Pourquoi ? Quelle raison avait-il de tuer son amante ?

Gavin secoua la tête.

— J'ignore ce qui s'est passé cette nuit-là, Tara. Quand je suis arrivé sur les lieux, Jonathan était en plein délire. Il était ivre de désespoir et de chagrin. Comme n'importe quel humain qui vient de perdre un être cher.

— Mais tu as bien dû lui poser des questions ? chercher à savoir ce qu'il éprouvait pour Charlene ? insista Tara.

— Je l'ai ramené devant l'Assemblée. Il a été banni aussitôt, avant même de pouvoir s'expliquer.

Gavin n'osa pas ajouter qu'en fait aucun des membres de l'Assemblée ne s'était soucié du sort de la mortelle compagne de Jonathan.

Les honorables immortels n'avaient eu qu'un seul souci : écarter Jonathan de la Société pour préserver l'intégrité de celle-ci.

— Aimer une femme n'est pas un crime ! protesta-t-elle.

— Si, car c'est dangereux, répliqua-t-il, gêné d'exprimer ce credo qui lui semblait de plus en plus absurde. Non seulement pour l'immortel concerné, mais pour toute la Société.

— Pourquoi ? s'insurgea Tara.

Il soupira doucement. Elle devait pourtant le savoir, puisqu'elle avait prévu de le séduire pour le retenir ici et le tuer à l'aube. Elle connaissait donc le pouvoir qu'elle pouvait exercer sur lui !

— Aimer rend vulnérable, marmonna-t-il.

— Ah ?

— Les vampires sont peu nombreux, Tara. Nous avons

beau être très puissants, nous ne pouvons nous permettre de fragiliser notre Société face aux mortels.

— Et ce soir, cependant, tu as pris ce risque, observa-t-elle d'une voix douce.

— Oui, admit-il. Tu as dit que tu ne comprenais pas ce qui nous arrivait. Eh bien, moi non plus. J'ai agi sans penser aux conséquences.

— Et maintenant ? Tu penses que tu as pris un risque trop élevé ? Tu regrettes ?

— Non.

Elle leva une main, lui effleura la joue du bout des doigts. Gavin adora cette caresse presque timide. A son tour, il tendit le bras vers la jeune femme. Il l'attira contre lui pour unir leurs lèvres, tendrement, en un baiser si chargé d'émotion qu'ils en tremblèrent tous les deux.

Ensuite, elle se lova contre lui.

— Gavin... ? fit-elle d'une voix songeuse.

— Mmm ? répondit-il en l'embrassant sur la tempe.

— Pourquoi m'as-tu épousée ? Pourquoi m'avoir choisie, moi, en particulier ?

— Parce que je te désirais...

— Mais pourquoi ce mariage ?

Il se raidit. Le mensonge était exclu. Cependant, il n'osait lui avouer que l'Assemblée l'avait condamnée à mort et qu'il était là pour exécuter la sentence. Une demi-vérité ferait l'affaire.

— Parce que j'avais envie de toi, répéta-t-il. Mais pas seulement pour une nuit ou deux. Je te voulais... pour aussi longtemps que possible.

Gavin ferma les yeux, appuyant le menton sur la tête de sa compagne.

Etait-ce ainsi que Jonathan avait entamé sa relation avec Charlene ? Ou bien leur amour avait-il commencé plus tôt, dès le premier regard qu'ils avaient échangé ? se demanda-t-il en se rappelant ce qu'il avait ressenti quand il avait posé les yeux sur Tara la première fois. Et après, quand Jonathan avait mieux fait connaissance de son amante, avait-il lui aussi songé qu'il était sur le point de tout perdre pour accéder quelques nuits durant à un royaume incomparable, supérieur à tous les autres ? Etait-il un Renégat, comme Jonathan ? Etait-il en train de tomber amoureux de cette mortelle ?

Cette fois, la réponse s'imposa d'elle-même. Oui, sans aucun doute, il était tombé amoureux de Tara, et son cœur, qu'il avait cru froid et mort depuis son Passage, exprimait dans ses battements toutes les émotions dont les humains étaient capables. Et toutes ces émotions concernaient Tara.

— Ça ne va pas ? s'enquit la jeune femme, inquiète. Tu as l'air anxieux.

Gavin n'eut pas le temps de répondre, car le téléphone se mit à sonner sur la table de nuit.

Tara décrocha.

— Allô ? fit-elle d'une voix intriguée.

En la voyant se redresser et lui tourner le dos pour répondre, Gavin se sentit de trop.

— Oui, ça va, dit-elle à son interlocuteur. Non, Tom, je ne sais pas encore...

Peut-être avait-elle décidé de ne plus le tuer à l'aube avec son complice, se dit Gavin qui sentait bien qu'elle était troublée de se retrouver au téléphone avec Tom en sa présence. Que fallait-il en déduire ? Au fond, était-il certain de pouvoir lui faire confiance désormais ?

Elle écouta quelques instants son interlocuteur, puis raccrocha enfin.

Quand elle lui fit de nouveau face, elle semblait si perplexe, si confuse, que Gavin eut du mal à plaisanter.

— De nouvelles instructions ? demanda-t-il d'un ton trop sec. Vous comptez passer à l'action bientôt ?

Elle secoua la tête avec une moue désolée.

— Tu crois, Gavin, que...

— Je t'entends comploter avec l'homme qui veut ma mort, et je devrais dire : « Oh, très bien, comment va ce cher Tom ? » grommela-t-il.

Soudain, Tara leva l'oreiller qu'elle tenait contre son ventre et le lui jeta à la figure. Avec une grimace pleine de dédain, elle se leva du lit, traversa la pièce et alla ouvrir la valise qui était rangée dans le vestibule.

Intrigué, Gavin la regarda tandis qu'elle en retirait une enveloppe.

Tara ferma les yeux un instant, puis se redressa en se tournant vers lui. Des larmes brillaient au bord de ses paupières. Elle lui tendit un petit cahier à la couverture de cuir souple.

— Tiens, marmonna-t-elle. Lis ça, et tu comprendras pourquoi j'ai cru que tu étais l'assassin de ma sœur. Elle raconte en détail la passion qu'elle éprouve pour son amant. Toi, Gavin Deveroux, car c'est bien toi qu'elle nomme, et pas un autre homme ! Tu prétends ne pas pouvoir mentir. Alors explique-moi pourquoi elle, elle aurait menti dans son journal intime !

— Tara...

— Tu n'as plus rien à craindre de ma part, l'interrompit-elle.

Elle retira son alliance et la posa sur la commode.

— Et tu es libre de partir, ajouta-t-elle.

— Non ! protesta Gavin, le cœur déchiré. Ecoute, Tara, nous devons...

Elle n'attendit pas qu'il finisse sa phrase. Elle tourna les talons et entra dans la salle de bains, claquant la porte derrière son dos. Il entendit le verrou jouer, puis, un instant plus tard, l'eau couler dans la baignoire.

Gavin s'assit au bord du lit, le journal à la main. Il s'en voulait d'avoir réagi par la méfiance après ce fichu coup de fil. Il avait vexé Tara. C'était... insensé.

Il ouvrit le journal à la première page et commença à le lire...

Quand il parvint au dernier chapitre, dans lequel Charlene décrivait l'Echange, une légende que la Société considérait comme absurde, risible, il referma le cahier.

« L'Echange... », se répéta Gavin en fronçant les sourcils. La légende pouvait-elle devenir réalité ? Jonathan avait-il essayé ce rituel avec Charlene ? Etait-ce cela qui avait tué la jeune femme et rendu Jonathan fou ?

Il regarda la porte close de la salle de bains et porta son esprit vers la femme qui se trouvait là, de l'autre côté du battant — la femme qui l'avait aimé de façon si merveilleuse, si parfaite, sans retenue et sans peur. Sa femme. Son épouse.

Ah, si seulement l'Echange n'avait pas été qu'une légende ! songea-t-il avec dépit. C'était tellement invraisemblable qu'on en avait toujours blagué dans la Société. Mais c'était plus fort que lui. Il ne pouvait s'empêcher de rêver à cette union parfaite qui leur aurait permis, à Tara et à lui, de s'affranchir de la barrière qui séparait leurs mondes.

8.

Tara se tenait debout dans la baignoire, adossée au mur recouvert de céramique, laissant l'eau chaude ruisseler sur son corps et emporter, en les évacuant par la bonde, toutes les illusions, les rêves et les désirs qu'elle avait pu nourrir depuis quelques heures.

Elle s'était donnée à Gavin sans arrière-pensée. Pendant qu'ils faisaient l'amour, elle avait commencé à croire en lui, à espérer en eux. Elle avait voulu lui dire toute la vérité au sujet de Tom, de son intention initiale de le tuer à l'aube ; elle souhaitait alors abolir toutes les barrières entre eux.

Hélas, la réaction de Gavin juste après le coup de fil de Tom lui avait brusquement redonné la mesure du gouffre qui les séparait. Cet homme vivait dans un univers en complet décalage avec le sien — et qui était même « ennemi » du sien !

Elle ferma les yeux, des sanglots dans la gorge. Pourquoi était-elle tombée amoureuse de Gavin ?

Car c'était bien de l'amour qu'elle éprouvait pour lui...

Comment une telle chose avait-elle pu se produire en si peu de temps ? Comment cette créature qu'elle était censée haïr avait-elle réussi à gagner son cœur ?

Elle souffrait, à présent, de le sentir si distant, si méfiant avec elle. Elle avait mal de constater qu'ils ne pouvaient se rejoindre par-delà leurs différences.

Elle avait de la peine, aussi, de ne pas savoir ce qui s'était réellement passé entre lui et Charlene. Elle aurait tout donné pour être sûre qu'il disait la vérité...

Tara soupira, déchirée. Une partie de son être espérait que Gavin serait parti quand elle sortirait de la salle de bains.

L'autre partie, hélas, priait pour qu'il restât toujours auprès d'elle.

Gavin entendit l'eau s'arrêter de couler dans la baignoire. Il posa le journal à côté de lui et se mit debout, hésitant, ne sachant trop comment se comporter.

Le journal lui avait apporté de nombreux renseignements, mais aucune solution au problème de sa relation avec Tara.

Dans ces pages pleines de passion, Charlene ne mentionnait à aucun moment Jonathan. Chaque fois qu'elle parlait de lui, c'était le prénom de Gavin qu'elle utilisait. Il supposait que c'était pour protéger son amant qu'elle avait agi ainsi — pour brouiller les pistes, en quelque sorte.

Il ne pouvait nier qu'il avait été ému par la description des sentiments intenses, de l'amour véritable qui s'était noué entre la mortelle et Jonathan. Tous deux avaient connu ensemble la plus pure et la plus belle des idylles.

Une phrase, en particulier, le hantait : « Couchée près de lui, ce soir, tandis qu'il dormait, avait-elle écrit, je m'imaginais entrant dans ses rêves et voyant les profondeurs de son âme... »

Ainsi, Jonathan avait fait confiance à Charlene au point de « dormir » avec elle ! Un vampire était pourtant terriblement vulnérable, pendant le sommeil. C'était incroyable. Gavin enviait son ancien ami. Il y avait si longtemps qu'il n'avait dormi, lui, avec une femme ! Pas une fois depuis son Passage, cela ne lui était arrivé !

Cela lui rappela les minutes de tendresse qu'il avait partagées avec Tara, après l'extase. Il s'était senti envahi par une langueur extrême ; il avait eu envie de fermer les yeux et de s'endormir paisiblement. Cela aurait été si bon ! Il regrettait, à présent, de ne pas l'avoir fait. Car peut-être n'en aurait-il plus jamais l'occasion.

Gavin serra les poings, déterminé à plaider la cause de Tara devant l'Assemblée. D'une part, il devait leur expliquer que le journal ne représentait plus une menace pour eux. Ensuite, il comptait les convaincre que même si elle savait tout des vampires, elle ne les menaçait nullement. Il en avait la certitude.

Du fait de leur mariage, elle était protégée. Pour un certain temps seulement. Car si en définitive l'Assemblée décidait de l'éliminer, il ne pourrait plus rien pour elle.

Bien sûr, il y avait l'option du Passage. Ils pouvaient offrir à Tara de devenir une des leurs. Mais Gavin refusait cette solution. Il ne souhaitait pas qu'elle endure l'existence de ténèbres qui était la sienne depuis des siècles.

Restait l'Echange. Une sorte de miracle pour eux deux... Malheureusement impossible. L'Echange n'était qu'une légende.

Soupirant, Gavin se dirigea vers la fenêtre. Comme il écartait le rideau pour regarder dehors, il entendit la porte de la salle de bains s'ouvrir.

— Non ! cria soudain Tara derrière son dos.

Il fit volte-face, sourcils froncés.

— Oh, mon Dieu ! s'exclama-t-elle en courant vers lui.

— Quoi ? Que se passe-t-il ?

— Tu as écarté le rideau, Gavin ! C'est le signal, pour Tom ! Nous étions convenus que, pour l'appeler ici, je devais ouvrir ce rideau et le lâcher aussitôt. Tu dois partir immédiatement !

Tara était si agitée que la serviette qu'elle avait nouée autour de son buste se défit et tomba par terre. Insouciante de sa nudité, elle se baissa pour lui ramasser son pantalon et sa chemise.

— Il va arriver d'une seconde à l'autre. Dépêche-toi ! l'exhorta-t-elle en lui tendant ses vêtements.

— Et toi ? Que fais-tu ?

— Je ne risque rien, moi. C'est toi qu'il veut !

— Tara, répliqua-t-il calmement. Tom n'a aucune raison de me tuer. Je n'ai pas tué Charlene. Et ce n'est pas Jonathan non plus, j'en suis certain...

— Si ! C'est forcément lui ! Mais peu importe. Tom est tellement remonté contre toi qu'il ne t'écoutera pas...

— Tu as lu le journal de ta sœur, l'interrompit-il. Jonathan adorait Charlene.

— Comment le sais-tu ? Tu as dit toi-même qu'il était devenu fou quand tu l'as vu le soir du crime.

— C'est le chagrin qui l'a rendu fou. Le désespoir. Il avait essayé de la ranimer, et même de la faire Passer dans le monde des vampires. Mais il était trop tard, et...

Tara le dévisagea avec insistance.

— Comment es-tu si sûr qu'il l'aimait ? insista-t-elle.

— Je le sais... Parce qu'il a dormi avec elle.

— Quoi ? fit la jeune femme, perplexe.

— Ils ont dormi ensemble, Tara, côte à côte. Si Jonathan s'est permis cela, c'est forcément qu'il avait une confiance absolue en elle. Qu'il l'aimait. Les vampires ne prennent jamais un tel risque, d'habitude. Car, pendant le sommeil, ils sont fragiles...

— Ça ne résout rien, l'interrompit-elle d'une voix anxieuse. Tom est en train de venir ici, en ce moment même, dans l'intention de te tuer.

— Tu ne comprends donc pas ? rétorqua-t-il en lui agrippant les épaules. Si ni Jonathan ni moi nous n'avons tué ta sœur, il n'y a qu'un seul coupable possible.

Elle écarquilla les yeux.

— Tu penses que Tom est l'assassin ?

Il ne se donna même pas la peine d'acquiescer.

— Impossible, répliqua-t-elle. Les analyses d'A.D.N. l'ont innocenté.

— Ces analyses portaient sur le sang recueilli à la base du cou de Charlene. C'était sans doute le sang de Jonathan, parce qu'il a essayé de la faire Passer. Mais ça, c'était « après » sa mort. Après...

— Après que Tom l'a assassinée ? conclut-elle, livide.

Elle frissonna, l'air déboussolée. Emu par sa détresse, il l'étreignit pour la réconforter.

— Tu dois partir, murmura-t-elle. Tom est dangereux.

— Pas sans toi, lui chuchota-t-il. Je ne partirai pas sans toi.

Elle releva soudain la tête.

— Nous... nous n'avons pas le temps de parler de cela maintenant. Tom arrive ! répéta-t-elle d'un ton implorant.

— Et alors ? Je suis un vampire. Il ne peut rien contre moi. D'ailleurs, nous allons verrouiller la porte. S'il essaie de l'enfoncer, il alertera tout l'hôtel, et la police viendra le neutraliser.

Elle se blottit contre lui, et il l'enlaça plus fort encore, savourant le bonheur de la sentir enfin rassurée.

— Tu dois avoir raison, balbutia-t-elle.

Il pencha la tête pour l'embrasser.

A cet instant, son ouïe surhumaine entendit la clenche de la porte du couloir tourner tout doucement...

9.

En une fraction de seconde, Tara se retrouva derrière le dos nu de Gavin qui la protégeait comme un rempart.

— Alors, l'ami ? marmonna une voix teintée d'ironie. On se donne un peu de plaisir avant de remplir sa mission ?

— Qu'est-ce que tu fiches ici ? répliqua Gavin. Sors !

Tara pencha la tête pour regarder dans la direction de la porte. Contrairement à ce qu'elle avait cru, ce n'était pas Tom qui était entré dans la chambre. Elle ne reconnaissait pas la voix de l'homme qui avait parlé.

— Pas question, l'ami.

Tara fronça les sourcils. Gavin la retenait derrière lui d'une main, et il avait serré son autre main en poing menaçant qu'il brandissait vers leur visiteur.

Elle prit soudain peur pour lui. Alors qu'elle avait eu l'intention de le tuer, elle se sentait à présent prête à donner sa vie pour le sauver.

— Je ne te laisserai pas l'assassiner, déclara leur interlocuteur.

Elle sentit Gavin se raidir.

— Pourquoi dis-tu cela, Jonathan ? répliqua-t-il.

Tara se demanda si elle avait bien entendu. Jonathan ? Ce bel homme aux longs cheveux noirs, à la large carrure qui se tenait devant eux, c'était Jonathan ? L'amant de Charlene ? Elle éprouva soudain un sentiment mitigé de satisfaction et de crainte à l'idée de rencontrer enfin ce personnage.

— Elle ne mérite pas de mourir, déclara Jonathan. Si elle a bravé l'Assemblée, c'était seulement pour tenter de comprendre ce qui est arrivé à sa sœur. J'en suis convaincu.

Tara allait s'interposer quand elle se rappela qu'elle était nue. Tendant le bras, elle agrippa le plaid qui était étalé sur le lit, le tira jusqu'à elle et s'en enveloppa tant bien que mal. Puis elle fit un pas de côté et soutint le regard de l'homme — du vampire — que sa sœur avait aimé.

— Bonsoir, Tara, dit-il d'une voix amicale.

Elle carra les épaules.

— Je suis contente de faire votre connaissance, Jonathan, répondit-elle.

— Vous semblez savoir qui je suis, répliqua-t-il, l'air intrigué.

— Gavin m'a parlé de vous, bien sûr.

— Tu lui as parlé de moi ? s'étonna Jonathan. Pourquoi ?

Tara répondit avant Gavin :

— Il m'a expliqué que c'était vous, et non lui, dont ma sœur parlait dans son journal. C'était vous qu'elle aimait...

A ces mots, une expression d'angoisse et de chagrin intense passa sur le visage du jeune homme. Puis il sembla se ressaisir.

— Le journal..., marmonna-t-il. J'aurais dû le détruire il y a longtemps. Mais quand je me suis souvenu de son existence, il était déjà trop tard. Vous aviez déjà prévenu l'Assemblée que vous le possédiez. Je ne comprends pas pourquoi vous avez agi ainsi. Vous et votre sœur, vous étiez si proches ! Elle a pourtant dû vous prévenir du danger que vous encouriez, non ?

Tara sentit sa gorge se nouer. Hélas, après s'être installée à Las Vegas, sa petite sœur avait très souvent négligé de lui écrire ou de lui téléphoner...

Jonathan fit un pas en avant. Gavin leva une main autoritaire pour le faire stopper.

— Vous vous trompez, balbutia-t-elle. Charlene ne me faisait plus de confidences depuis bien longtemps...

— Elle parlait tout le temps de vous, objecta Jonathan. Elle vous admirait énormément, vous savez. Elle m'a raconté comment vous vous êtes occupée d'elle à la mort de vos parents. Comment vous l'avez protégée, couverte de tendresse. Elle avait de la peine de ne plus avoir de vos nouvelles. Elle vous adorait, j'en suis certain.

Tara eut peine à cacher son émotion, tant les propos de Jonathan la réconfortaient.

— Pourquoi es-tu venu? relança Gavin d'une voix dure.

— Je te l'ai dit, répliqua Jonathan d'un ton égal. L'Assemblée t'a chargé d'éliminer Tara. Je suis venu t'en empêcher...

— Tu es donc sorti de ton exil pour protéger la sœur de ta maîtresse? Pourquoi?

Jonathan ricana.

— Tu penses qu'un Renégat est indigne d'une telle action, n'est-ce pas? Mais ton avis m'importe peu, l'ami. L'Assemblée a tort de s'en prendre à Tara. Et crois-moi : je te tuerais plutôt que de laisser mourir cette femme.

Tara vit alors Gavin esquisser un sourire qu'elle ne s'expliqua pas. Il se tourna, s'assit au bord du lit et commença d'enfiler ses vêtements.

— Je l'ai épousée, Jonathan, déclara-t-il.

Les deux vampires se regardèrent droit dans les yeux. Alors, Tara sentit qu'en un instant, ils s'étaient compris — et réconciliés. Et qu'ils partageaient un lien très fort, parce que, en plus de leur amitié, ils avaient aussi en commun leurs sentiments pour des mortelles.

— Alors c'est vrai? demanda-t-elle à Gavin. On t'a vraiment envoyé ici pour me tuer?

Il enfila son pantalon, hocha la tête.

— Et quand tu m'as demandé de t'épouser...?

— Au début, répondit-il avec sincérité, je cherchais juste à retarder l'inévitable.

Jonathan s'avança vers eux.

— Allez-vous-en, Tara, conseilla-t-il. Partez, et cachez-vous.

Tara regarda Gavin en repensant à l'émerveillement qu'elle avait lu dans ses yeux quand il lui avait dit que Jonathan avait « dormi » avec Charlene. Cela signifiait-il qu'il avait envie de dormir avec elle ? Et donc, cela voulait-il dire qu'il... l'aimait ?

Mais s'il l'aimait, s'objecta-t-elle, pourquoi ne pas lui avoir révélé plus tôt que l'Assemblée souhaitait sa mort ? Pourquoi ne s'était-il pas confié à elle comme elle s'était ouverte à lui en lui parlant de Tom ?

— Gavin... ?

— J'ai pensé que si nous étions mariés, confessa-t-il, l'Assemblée te laisserait en paix un certain temps. Au moins jusqu'à ce que je récupère le journal.

— Et ensuite ? répliqua-t-elle avec une froideur qui la surprit elle-même.

Il se leva, attrapa la robe posée dans le fauteuil et la lui tendit.

— Peut-être as-tu envisagé de lui proposer le Passage ? suggéra Jonathan. Ça vous tente, Tara, une vie de vampire ?

— Non, objecta Gavin. Ça, il n'en est pas question.

Jonathan traversa la chambre et s'assit dans un fauteuil près de la fenêtre. Il s'esclaffa.

— Alors tu es devenu un Renégat, toi aussi ! affirma-t-il. Bienvenue au club, l'ami !

— Ne dis pas ça, rétorqua Gavin avec colère.

Comme Jonathan détournait la tête, Tara s'empressa de passer sa robe à même la peau.

Puis, non sans anxiété, elle jeta un coup d'œil vers la fenêtre et la porte. L'arrivée de Jonathan ne changeait rien au fait que Gavin avait donné par inadvertance le signal convenu avec Tom — qui pensait donc à présent que le vampire était endormi, vulnérable, et qu'il pouvait venir le tuer. Il allait donc arriver très bientôt.

— Tara... ? fit Gavin en s'avançant vers elle, l'air soucieux. Ça ne va pas ?

Elle releva le menton.

— Je ne sais plus très bien où nous en sommes, Gavin. Mais je pense que nous devons essayer de nous faire confiance.

Gavin la dévisagea attentivement. Elle semblait désemparée, incertaine, mais aussi pleine de courage et de détermination. Elle était plus belle que jamais.

— Je ne veux pas te voir mourir, reprit-elle. Et je crois comprendre que tu cherches à me protéger... N'est-ce pas ?

— Oui, approuva-t-il avec un sourire admiratif.

— Bien. Nous avons donc deux équipes ennemies. La femme et les vampires renégats contre le tueur de vampire et la Haute Assemblée. Que fait-on, à partir de là ?

A ce résumé ironique de la situation, Jonathan, bien carré dans son fauteuil, éclata de rire. Gavin le regarda avec étonnement. Ce rire d'immortel avait la même qualité que celui qu'il avait entendu dans la bouche de Tara en début de soirée. Oui, c'était le même rire mélodieux, enjoué, tout à fait charmant. Jonathan avait-il trouvé quelque secret, inconnu des vampires, pour rire ainsi ?

— Trêve de plaisanteries ! trancha Tara. La prochaine personne qui entrera dans cette pièce ne viendra pas pour bavarder.

Gavin eut envie de lui répondre qu'elle n'avait pas à craindre Tom. Ce mortel ne présentait aucun danger pour eux.

Il avait envie de lui dire, aussi, subitement, que, grâce à elle, il avait l'impression que son existence était devenue magique.

Debout devant lui, pieds nus, les cheveux humides, ses formes sensuelles moulées par sa robe de soie, elle était éblouissante de détermination. Cependant, elle ne se rendait pas compte qu'en s'adressant à l'Assemblée, elle avait levé contre elle des forces terribles.

Il observa un instant Jonathan. Peut-être son ami avait-il raison de le ranger parmi les Renégats. Mais il ne pouvait laisser la Société faire du mal à Tara.

— Peux-tu rester avec elle, s'il te plaît ? demanda-t-il à Jonathan. Moi, je vais aller devant l'Assemblée.

— Ça ne servira à rien, répliqua le banni en secouant la tête. Tu as plutôt intérêt à t'enfuir avec elle. Cachez-vous quelque part.

— Non. Je leur ferai entendre raison.

Jonathan poussa un soupir narquois.

— Moi aussi, j'étais membre de l'Assemblée, souviens-toi. Ça ne m'a pas sauvé de l'exil.

— Je leur expliquerai la situation.

— Ah oui ? railla Jonathan. Que diras-tu ? Que tu leur as désobéi ? Qu'elle te plaît tellement que vous avez dormi ensemble dans ce lit ?

— Nous n'avons pas dormi...

— Pas encore. Mais tu en meurs d'envie, je le vois bien. Je parle d'expérience : une fois cette barrière franchie, je te préviens, il te sera impossible de redevenir celui que tu étais auparavant... De toute façon, dès que tu plaideras en sa faveur, l'Assemblée saura ce que tu éprouves pour elle. Ils comprendront vite que tu as trahi le premier commandement de la Société.

— Je ne dirai pas que je désire personnellement protéger Tara.

— Tu es naïf. Ils le devineront. Ils te banniront et ils enverront quelqu'un d'autre pour la tuer.

— Je vais leur apporter le journal, précisa Gavin. Ils auront de quoi s'occuper.

— Tu crois sincèrement que ça leur suffira. Rappelle-toi, Gavin : il y a quelques heures, tu étais comme eux. Tu crois qu'à leur place, tu te serais montré conciliant envers un vampire indocile ?

— J'aurais voulu savoir la vérité, insista Gavin d'une voix plus hésitante.

— En tout cas, tu n'as pas du tout cherché à comprendre le lien qui m'unissait à Charlene, Gavin, rappela Jonathan d'un ton plein de rancœur.

Gavin baissa les yeux.

— Je... Je te demande pardon. J'ignorais ce qu'il t'était arrivé. Je ne savais pas...

Il se rappelait qu'il avait arraché Jonathan au cadavre de son amante, l'avait sorti de la maison, puis amené devant l'Assemblée pour aussitôt voter avec elle son bannissement. Ensuite, il l'avait abandonné à son désespoir et à sa folie passagère. Il avait manqué de discernement, et s'en voulait terriblement.

— C'est drôle, murmura Jonathan. Je devrais te haïr. Mais je me sens simplement... désolé pour toi. Parce que tu connais le même sort que moi, et tu es assez naïf pour espérer t'en sortir indemne. L'Assemblée ne t'épargnera pas, Gavin.

— Il faut quand même que j'essaie de leur faire entendre raison.

La jeune femme s'interposa entre eux.

— Cessez de vous chamailler, intervint-elle d'une voix implorante. Tom va arriver. Je ne sais pas comment il va...

— Il serait déjà ici s'il avait vu le rideau s'ouvrir, Tara, contra Gavin d'un ton rassurant. Et je te le répète, nous ne craignons rien. Jonathan ou moi, nous pouvons le vaincre sans difficulté.

Il reporta son attention sur le seul être au monde qui pouvait le comprendre totalement en ce moment.

— Jonathan, acceptes-tu de rester avec elle ? demanda-t-il de nouveau. Il faut que j'essaie, même si j'ai tort. Je dois assurer la sécurité de Tara. S'il te plaît.

Son ami le regarda un long moment, l'air songeur, puis se leva.

— D'accord, mais je ne le ferai pas pour toi, Gavin, répondit-il. Tu as encore beaucoup à apprendre sur le sens du mot loyauté. Mais je le ferai... pour Charlene.

Il se tourna vers Tara.

— Car elle vous aimait, ajouta-t-il. N'en doutez pas.

La jeune femme acquiesça en silence, l'air très émue. Gavin eut envie de la prendre dans ses bras. Mais il ne fallait pas. Le temps pressait.

Sur la table de nuit, il saisit l'alliance de Tara, qu'elle avait retirée de son doigt et abandonnée là.

— Quelle heure est-il ? demanda-t-il.

— Il reste plusieurs heures avant l'aube, répondit Jonathan. Tu as largement le temps de revenir. Si tu le peux encore après...

— Je vais les persuader, l'interrompit Gavin d'un ton sec, pour le faire taire. Toi, contente-toi de protéger Tara contre tous nos ennemis.

Bien sûr, il pensait à Tom qui, en se voyant trahi par son « alliée », n'hésiterait pas à se retourner contre elle — peut-être violemment.

Il s'approcha de Tara, lui prit la main gauche, et lui remit la bague à l'annulaire.

— Tant que tu porteras cette alliance, je sentirai ta présence ici, confia-t-il d'une voix rauque. Garde-la, s'il te plaît.

— Gavin...

— Je t'en prie, Tara.

Les yeux de la jeune femme se voilèrent de larmes.

— A une condition, balbutia-t-elle.

— Laquelle ?

— Que tu reviennes... vite.

Il sourit, le cœur chaviré de bonheur.

— Je reviendrai, promit-il.

— Va, dit-elle en regardant son alliance. Jonathan et moi... nous allons bavarder en ton absence. Nous parlerons de Charlene.

Il hocha la tête et, sans la quitter des yeux, recula vers le balcon. Elle eut une moue étonnée. Il sourit encore.

— Les vampires ne sortent pas toujours par la porte.

— Sois prudent.

— Prends soin d'elle, dit-il à Jonathan.

— Entendu, acquiesça son ami. N'aie aucune crainte.

Ils se regardèrent quelques instants. L'un comme l'autre, ils savaient que son retour n'était pas acquis. L'Assemblée déciderait peut-être de faire un exemple de son cas en lui donnant un châtiment plus... définitif qu'un simple bannissement.

— Quoi ? fit Tara, alarmée. Qu'y a-t-il ? Vous avez l'air inquiets, tous les deux...

Gavin ne répondit pas. Il sortit sur le balcon, se tourna vers la ville illuminée, avala une grande goulée d'air froid. De toute son âme, il espérait revoir bientôt le corps sublime de son épouse.

Pour cela, il se battrait jusqu'au bout ! se jura-t-il avant de sauter dans le vide.

10.

Dès que Gavin fut parti, Tara laissa libre cours à son angoisse.

— Jonathan, vous êtes comme moi, vous craignez le pire, n'est-ce pas ? murmura-t-elle d'une voix blanche. Est-ce qu'il est en danger ?

Il la regarda droit dans les yeux.

— Peut-être...

— A cause du lever du jour ? reprit-elle, se rappelant que les rayons du soleil étaient fatals pour les vampires.

— Non. Il a largement le temps d'aller là-bas et de revenir. N'oubliez pas que les immortels se déplacent à des vitesses surhumaines. C'est plutôt à cause de l'Assemblée que...

Il baissa les yeux, soupirant.

— Quoi ? insista Tara. Qu'y a-t-il ? Parlez !

— Normalement, la pire condamnation qu'un vampire ait à craindre, c'est l'exil, marmonna-t-il. Mais Gavin et moi, nous avons pensé que l'Assemblée déciderait peut-être de marquer le coup. J'ai trahi la Société en aimant votre sœur. Et maintenant, Gavin désobéit aux ordres...

Jonathan secoua la tête.

— Mais à quoi bon se faire du mauvais sang pour le moment. Il faut attendre, Tara. Soyez patiente.

Tara considéra longuement son interlocuteur. Il avait le visage d'un jeune homme. Mais une sagesse profonde se lisait dans ses yeux. Les épreuves de la vie l'avaient beaucoup marqué.

— Lequel de vous deux est le plus âgé ? demanda-t-elle tout à trac.

Il eut un sourire désabusé.

— Moi. J'ai deux siècles de plus que Gavin. Mais vous savez, Tara, après le Passage, le temps n'a plus aucune importance. Tous les vampires ont le même âge, en fait.

— Vous et Gavin, vous étiez amis, autrefois, n'est-ce pas ? demanda-t-elle, cherchant à comprendre pourquoi Gavin avait rejeté Jonathan quand il était tombé amoureux d'une mortelle.

— Oui. Nous étions amis. Enfin... Amis comme des vampires peuvent l'être. Dans la Société, vous savez, on ne manifeste guère ses sentiments. Mais Gavin et moi, nous avions un point commun. Contrairement à la plupart de nos semblables, qui mettent plusieurs mois, sinon des années, à accepter leur immortalité après le Passage, nous souhaitions ardemment devenir vampires. Nous ne demandions qu'à nous débarrasser des émotions et des sentiments qui nous rendaient si malheureux, si vulnérables en tant que mortels.

Jonathan prit une profonde inspiration.

— Pourtant, nous étions fondamentalement différents. Pour ma part, j'ai vite compris que la Société était une prison, et l'immortalité, un enfer. Gavin, lui, adorait le statut de vampire. La Haute Assemblée, dont il est très rapidement devenu membre, c'était sa... sa raison de vivre. Il refusait d'admettre que notre existence était atroce...

— Est-ce vraiment le cas ? s'étonna Tara.

— Oui, être vampire et supporter les lois absurdes de la Société, c'est infernal. Ne jamais jouir de la moindre caresse, ne jamais voir d'amour dans les yeux d'une femme, ne jamais avoir le bonheur de tenir un enfant dans ses bras... Ne jamais avoir le droit de nourrir la moindre émotion ! C'est terrible, marmonna-t-il. Nous possédons des sens surdéveloppés, qui nous offrent des plaisirs. Mais nous n'avons jamais la possibilité d'y associer des sentiments. C'est excessivement frustrant.

— Je crois..., commença-t-elle avec hésitation. Je crois que Gavin est capable de sentiments, lui...

Jonathan haussa les épaules.

— Peut-être. Je me suis posé la question, en le voyant tout à l'heure. Mais n'attendez pas un miracle. Gavin Deveroux est un pur produit de la Société. Peut-être avez-vous su titiller quelque chose en lui, peut-être défendra-t-il votre cause devant l'Assemblée, pour que vous soyez épargnée... Je crains fort que ça n'aille pas plus loin.

Tara secoua résolument la tête. Elle voulait garder espoir, et croire en Gavin.

— Pourquoi la Société interdit-elle les amours entre vampires et mortels. Pourquoi une femme comme moi est-elle condamnée ?

— Parce que... les sentiments que vous êtes susceptible d'inspirer à un homme risquent de le déstabiliser... et par là de faire chanceler la Société dans son ensemble.

Elle soupira profondément.

— Vous ne voyez vraiment aucune solution pour Gavin et moi, alors ?

Le regard de Jonathan se perdit dans le lointain.

— Vous a-t-il parlé de l'Echange ? demanda-t-il d'une voix qui trahissait soudain une profonde émotion.

— J'ai lu ce que Charlene a écrit là-dessus dans son journal. Vous... Vous y croyez ?

— Je ne sais plus quoi en penser. C'est une légende. On dit que l'Echange est impossible. Moi, j'ai essayé... avec Charlene. Pour la sauver. Mais de toute façon il était trop tard. Elle était morte, déjà.

Tara s'assit au bord du lit et rassembla son courage pour poser la question qui lui brûlait maintenant les lèvres.

— A votre avis, est-ce... Tom qui l'a tuée ?

— Je ne sais pas. Quand je suis arrivé là-bas, elle était seule. Son corps magnifique... gisait sur le parquet dans une flaque de sang. Je n'ai rien pu...

Jonathan se tut. Sa voix s'était cassée. Son expression disait tout le désespoir que lui inspirait encore le souvenir du décès de sa bien-aimée.

— Si l'Echange avait pu se faire, murmura-t-elle, est-ce que Charlene aurait été... changée ?

— Oui, et moi aussi j'aurais été changé. Mais je ne sais pas comment. Je vous le répète, c'est une légende ! Il vaut mieux admettre que l'Echange est impossible.

— Mais vous avez quand même essayé...

— J'étais fou de chagrin. J'étais prêt à tenter n'importe quoi pour la sauver. Mais c'est une lubie !

— En quoi consiste l'Echange ? insista-t-elle.

— Tara, ça n'a aucune importance ! s'insurgea-t-il. Vous vous montez la tête, je le vois bien.

— Répondez-moi, Jonathan, s'il vous plaît.

— Pourquoi ? A quoi bon ?

— Parce que j'aime Gavin, et que je veux explorer toutes les pistes qui s'offrent à nous.

Il se renfrogna.

— Comment pouvez-vous l'aimer ? répliqua-t-il. Il vous a séduite, il vous a éblouie ! Mais n'attendez rien de lui.

Elle sourit un peu tristement.

— Ma sœur vous aimait-elle, Jonathan ?

— Oui, je crois.

— Et vous, vous l'aimiez ?

— Oh, oui ! Plus que ma propre vie !

— Alors parlez-moi encore de l'Echange. Ne serait-ce que pour me donner un peu d'espoir.

Il se leva, l'air dépité, et fit les cent pas à travers la chambre.

— Eh bien... la légende dit que vous, la mortelle, vous gagneriez l'immortalité, pendant que lui, Gavin, le vampire, perdrait ses pouvoirs surhumains.

Elle désigna la fenêtre.

— Par exemple le pouvoir de sauter quinze étages ?

— Oui, acquiesça Jonathan en souriant. Mais, en perdant ces pouvoirs, il retrouverait la capacité d'avoir des émotions et des sentiments. On peut dire qu'il échapperait aux lois de la Société. Mais je le répète : tout ça n'est qu'une légende. A ma connaissance, aucun vampire n'a jamais pratiqué l'Echange avec un mortel.

— Vous semblez dire que vos pouvoirs surhumains vous privent de vos sentiments humains, observa-t-elle, songeuse. Mais vous, Jonathan, vous êtes pourtant tombé amoureux de ma sœur !

— Oui, admit-il. J'y ai réfléchi. Je pense que c'est... grâce à Charlene. C'est elle, et uniquement elle, qui m'a amené à rouvrir mon cœur aux émotions humaines. Je pense qu'en fait, les vampires ne perdent jamais totalement leurs sentiments. Mais ils sont étouffés, masqués par les pouvoirs extraordinaires que le Passage leur confère.

Tara ferma un instant les yeux, priant pour qu'il se soit passé le même coup de foudre entre Gavin et elle qu'entre Jonathan et sa sœur. Elle avait tellement envie d'y croire !

Jonathan vint s'asseoir à côté d'elle.

— Il y a encore une chose que je ne vous ai pas dite au sujet de l'Echange.

— Quoi ?

— On raconte que seuls les humains animés par un amour véritable, profond, peuvent supporter l'Echange. On dit que les mortels qui se mentent sur leurs sentiments risquent la mort s'ils tentent l'Echange...

Il la regarda droit dans les yeux.

— Seriez-vous prête à prendre ce risque pour Gavin, Tara ?

11.

— Comment oses-tu défendre cette mortelle ? s'indigna John, le président de la Haute Assemblée. Sais-tu ce que tu risques, maintenant ?

Gavin serra les poings, s'intimant l'ordre de rester calme. Sinon, jamais il ne réussirait à persuader ses interlocuteurs de laisser Tara tranquille.

Il jeta le journal de Charlene sur la longue table ovale autour de laquelle étaient assis les onze membres du conseil exécutif de la Société.

L'un d'eux prit le petit livre, le feuilleta en quelques secondes, puis le passa à son voisin. Le journal circula ainsi de main en main, lu par chacun en moins de temps qu'il n'en fallait pour le dire.

Gavin embrassa d'un regard circulaire l'immense salle de réunion souterraine, éclairée par des appliques murales qui diffusaient une lumière crue, décorée dans un style froid et sans recherche.

L'endroit dégageait une certaine impression de... de grandeur et de puissance, se dit-il en réprimant une grimace. Mais une puissance glaciale et pompeuse, promue par des gens au cœur de pierre.

Pourtant, l'environnement lui était familier, et, pendant des siècles, il s'y était senti à l'aise. Maintenant, il s'y voyait comme un étranger. Il était en complet décalage avec les onze personnes qu'il affrontait.

L'Assemblée s'était réunie à sa demande, convoquée par

appel télépathique. C'était son droit de vampire de pouvoir s'exprimer devant ses pairs à n'importe quelle heure de la nuit. Mais il avait hâte de repartir, de retrouver le corps souple et chaud de Tara, la jeune femme qui lui avait fait découvrir un univers d'émotions et de bonheurs dont il n'avait jusqu'alors pas osé soupçonner l'existence.

— Ainsi, tu prétends que cette mortelle voulait simplement nous transmettre ce journal ? observa Michael, en bout de table. Elle ne nous menace pas ?

— Absolument pas, renchérit Gavin. Elle désirait juste entrer en contact avec nous.

Alana, une femme qui était devenue vampire à la même époque que lui, se renversa contre le dossier de son fauteuil en ricanant.

— Elle doit posséder de sacrés charmes, celle-là ! railla-t-elle. Par quel tour de magie a-t-elle amené notre Gavin à croire ses mensonges, je me le demande !

Gavin se raidit, conscient qu'il ne pouvait avouer son amour pour Tara sans la condamner.

Il pouvait, en revanche, annoncer leur mariage. Sa femme serait protégée des foudres des vampires, du moins un certain temps. Et lui, il serait banni de la Société. Malheureusement, il ignorait s'il était prêt à supporter un tel sort. Il aimait Tara, il ne demandait qu'à partir au bout du monde avec elle... Mais il savait que rompre définitivement avec son monde n'était pas la meilleure des solutions. Il en souffrirait, et, pour finir, Tara et lui en pâtiraient tous deux.

Il devait donc trouver un autre argument.

— Tu veux la vérité, Alana ? répliqua-t-il. Je vais te la dire...

Il croisa les regards de tous ses collègues, qui le dévisageaient, attentifs.

— Dès l'instant où j'ai posé les yeux sur elle, reprit-il, j'ai su que nous avions fait une erreur à son sujet. Tara est une femme sincère et honnête. Elle ne nous veut aucun mal...

Alana l'interrompit en poussant un rire moqueur.

— Tu es stupide, Gavin. Tu pensais vraiment nous dire ces salades et t'en tirer comme ça ?

Gavin se renfrogna. Pendant des siècles, il avait fidèlement servi l'Assemblée. Mille fois, il avait approuvé Alana quand elle pestait contre les mortels. Ils avaient bien ri, tous les deux, des faiblesses humaines !

Aujourd'hui il n'avait même pas envie de sourire. Il se sentait un autre... homme. Il voulait vivre en accord avec les sentiments que cette femme merveilleuse, courageuse et vulnérable avait su éveiller en lui. Il devait absolument faire entendre raison à l'Assemblée.

— Je ne comprends pas, reprit Alana. Tu devais l'éliminer et récupérer le journal de sa sœur. Nous avons le journal, O.K. Mais la mortelle est encore en vie. Pourquoi ? Es-tu devenu incapable de remplir les missions qui te sont confiées ? Faut-il envoyer quelqu'un d'autre à ta place ?

— Non ! s'exclama-t-il malgré lui. Elle est intouchable !

Tant pis pour la menace d'exil qui planait sur lui, se dit-il après avoir répondu sans réfléchir. Seule Tara comptait. Maintenant et pour toujours.

— Intouchable ? Pourquoi ? contra Alana.

— Parce que Tara est ma femme, répondit-il en soutenant le regard méprisant. Je l'ai épousée hier soir.

Alana écarquilla les yeux. L'espace d'un instant, Gavin crut lire quelque chose dans ses pupilles. Du... dépit, peut-être. Mais non. C'était impossible. Cette vampire n'avait pas de sentiments.

— Tu as donc oublié, rétorqua-t-elle, que cette mortelle n'est rien ! Tu avais le droit de jouir d'elle pour t'amuser, de la prendre comme un jouet, mais...

— C'est toi qui n'es qu'un objet, Alana. Une coquille vide, un être sans cœur. Sans compassion. Tu ne sais même plus ce que signifie le mot « émotion ». Ou bien... tu ne « veux » plus le savoir.

Il regarda l'un après l'autre les onze vampires assis devant lui.

— Notre Société nous interdit d'avoir des émotions. Mais c'est insensé ! ajouta-t-il avec ferveur. C'est impossible de vivre sans sentiments. Et je suis certain que même si vous refusez de l'admettre, vous partagez mon opinion ! Sondez vos âmes, honorables membres de l'Assemblée des vampires ! Laissez votre mémoire vous montrer ce que vous étiez autrefois. Moi aussi, au début, j'ai résisté. J'avais peur. Vous vous souvenez que j'ai voté le bannissement de Jonathan ? Eh bien, c'était une grave erreur, que je regretterai toujours. Il faut que nous apprenions, tous, à accepter nos sentiments. Parce que, contrairement à ce que nous prétendons, nos cœurs de vampires ne sont pas invulnérables !

Ses interlocuteurs s'agitèrent nerveusement dans leurs fauteuils. Même Alana semblait affectée par cette tirade.

— Tara est ma femme. J'exige qu'elle ne soit plus menacée. J'exige aussi que l'Assemblée réfléchisse sérieusement à ce que je viens de dire ! conclut-il.

— Tu aimes le danger... Mais tu es un Renégat, grogna Alana. Et tu mérites la mort !

Curieusement, cette repartie le fit rire. Elle ne savait pas ce qu'elle disait. Elle ignorait que, dans l'existence, il n'y avait qu'un seul véritable danger : ignorer ses sentiments, vivre contre son cœur. Comme il avait l'amour de Tara, il se moquait bien des menaces des vampires.

Il scruta les visages autour de lui. Malgré l'attaque d'Alana, il sentait qu'il avait touché quelque chose en eux. Ses paroles les avaient atteints, cela se voyait dans leurs regards.

— John, reprit-il, s'adressant au président, tu as demandé à Passer chez les vampires après la mort accidentelle de ta femme et de ton enfant. Tu as réprimé tes sentiments, mais je suis sûr qu'ils te manquent encore. Si tu acceptes ta douleur, si tu l'affrontes, ils vivront de nouveau en toi. Pas dans la réalité, d'accord, mais dans ton cœur.

John détourna les yeux, l'air embarrassé.

— Et toi, Daniel, poursuivit Gavin en se tournant vers un autre confrère. Tes fils sont morts dans une tempête. Tu t'es senti responsable de ce drame. Pour t'affranchir de ta souffrance, tu as accepté la proposition d'Alana, tu es devenu vampire. Tu as trouvé la paix, dis-tu. Mais tes fils avaient-ils si peu d'importance pour toi, que tu puisses aujourd'hui mépriser leurs semblables, les mortels, sous prétexte qu'ils éprouvent des émotions ?

Alana s'était levée. Gavin la fixa droit dans les yeux.

— Et toi..., reprit-il. La veille de tes noces, tu as été rejetée par ton fiancé. Oh, certes, tu es aujourd'hui une véritable séductrice. Personne ne te résiste, n'est-ce pas ? Tu prends les mortels pour assouvir tes pulsions, et ensuite tu les détruis. Mais, franchement, ne manques-tu pas d'amour, de chaleur ? N'est-ce pas cela que tu désires vraiment, au fond ? Non plus séduire, mais être séduite, aimée ?

Soudain, Gavin s'interrompit, le cerveau tétanisé par un signal télépathique d'une violence inouïe, en provenance de Las Vegas.

« Tara ! »

Tara était en danger !

Il devait à tout prix la rejoindre. La sauver s'il était encore temps.

12.

Tara était en train de parler avec Jonathan de l'Echange, et il venait de lui demander si elle était prête à prendre le risque de mourir pour Gavin, lorsque tout à coup la porte du couloir s'ouvrit sur Tom.

Avec une rapidité inouïe, le vampire la projeta derrière lui, l'incitant à se coucher sur la moquette, au pied du lit.

— Tom ! cria-t-elle. Je suis ici !

Elle releva la tête et se figea en le voyant animé d'une rage meurtrière.

— Charlene était à moi ! hurla-t-il. Mais ces monstres assoiffés de sang me l'ont prise ! Je vais tous les tuer !

Terrorisée, Tara regarda l'ancien fiancé de sa sœur qu'elle avait considéré autrefois comme une victime. Maintenant elle le voyait tel qu'il était. Tom était un assassin et un fou... dont elle avait failli devenir la complice.

— Tom, calme-toi ! insista-t-elle, au supplice de penser qu'elle aurait dû croire Gavin et que celui-ci n'était même plus là pour la protéger de ce dément. Ne fais rien. Il faut que tu m'écoutes. Les vampires ne sont pas méchants...

Les yeux de Tom étaient pleins de fureur. Il fixait Jonathan avec attention, comme s'il le jaugeait avant l'affrontement.

Le vampire, lui, semblait prêt à se battre.

— J'imagine que ce fumier a nié avoir égorgé Charlene, grinça Tom entre ses dents.

Tara s'aperçut alors qu'il tenait, dans sa main droite, un

maillet de bois, ainsi qu'un pieu en métal. Dans sa main gauche, il avait un objet qu'elle ne distinguait pas bien.

Elle se leva tandis que Jonathan pointait un doigt accusateur sur Tom.

— C'est vous qui l'avez tuée, rétorqua-t-il calmement. Ne prétendez pas le contraire.

— Elle était à moi ! hurla Tom. Nous étions fiancés !

Soudain, Jonathan tendit la main vers le grand miroir mural qui se trouvait à sa droite. Le verre explosa, et un nuage d'éclats tranchants vola dans la direction de Tom.

Celui-ci tomba à genoux en se protégeant la tête avec les bras, poussant des cris de rage et de douleur mêlées.

Comme les débris de miroir cessaient de pleuvoir sur lui, il se redressa lentement, le visage en sang.

Il chancela sur ses jambes, secoua la tête comme pour se ressaisir.

— J'aurais pu t'épargner, tu sais, Tara, déclara-t-il d'une voix glaciale. Mais tu m'as trahi. Tant pis pour toi.

— Vous êtes un homme mort, affirma Jonathan en serrant les poings.

Tom poussa un petit rire moqueur.

— Vous pensez que je suis venu ici sans prendre mes précautions ? rétorqua-t-il. Je suis venu vous tuer... et je vais le faire.

— Mais c'est vous qui avez assassiné Charlene, insista le vampire.

— Je l'ai fait pour lui épargner le sort que vous lui réserviez, sale démon ! hurla Tom.

— Elle m'aimait en toute liberté.

— Non ! Elle était à moi ! Vous avez utilisé vos pouvoirs diaboliques pour me la voler !

— Charlene aimait Jonathan, murmura Tara d'un ton apaisant. Tu n'y peux rien, Tom.

Il la fusilla du regard.

— Et toi, tu défends ces monstres ! Tu en as même épousé un ! Tu t'es vautrée dans ce lit avec lui !

Tara secoua la tête, si découragée qu'elle renonça à lui rappeler que c'était lui qui l'avait exhortée à faire « ce qu'il faudrait » pour piéger Gavin. A quoi bon tenter de raisonner cet homme dans l'état de fureur et de démence où il était ?

Gavin sauta sur le balcon, s'immobilisa et inspira profondément pour reprendre son souffle. Grâce à son ouïe surhumaine, il entendait depuis quelques minutes tout ce qui se passait dans la chambre.

Pour son plus grand soulagement, il savait que Tara n'était pas blessée comme il l'avait craint tout d'abord. Elle était terrifiée, elle courait un grand danger, mais elle était saine et sauve !

Il savait aussi que Jonathan se croyait invincible contre le mortel, mais qu'il ne fallait pas sous-estimer Tom qui connaissait les points faibles des vampires pour avoir lu le journal de Charlene.

Vif comme l'éclair, il entra dans la chambre et jaugea la scène.

Tara était debout près du lit, tremblante de frayeur. Jonathan se tenait au milieu de la pièce, face à Tom — qui avait le visage lacéré et sanglant. Des débris de miroir jonchaient la moquette autour de lui. Les deux ennemis se fixaient d'un regard menaçant.

Tout à coup, le mortel poussa un hurlement de rage et se jeta en avant.

Gavin n'eut qu'une seule pensée : protéger Tara. Il se précipita vers elle et l'attira vers le fond de la chambre. Le mouvement ne lui prit qu'une fraction de seconde.

Il se tourna vers Jonathan. Celui-ci avait repoussé son agresseur, l'envoyant valser contre le mur.

Tom hurla, mais se redressa sans hésitation, brandissant de la main droite une crosse d'évêque.

En reconnaissant l'objet, Gavin se figea d'horreur. Pour la première fois depuis des siècles, il eut peur.

La crosse d'évêque était en effet la seule arme qui fût véritablement capable de terrasser un vampire ! Cet objet en argent ciselé, qui avait la forme d'une volute et se terminait par une pointe effilée aussi menaçante que la lame d'un poignard, était capable d'anéantir les pouvoirs surnaturels des immortels.

La chrétienté en avait fait le spectre de ses plus hauts dignitaires, mais le pouvoir magique de l'objet lui-même était beaucoup plus ancien que le Christ. Depuis la nuit des temps, les vampires luttaient contre les mortels qui détenaient ces crosses fatales. Au fil des siècles, ils avaient réussi à en détruire la plupart. Celles qui subsistaient étaient entre les mains des religieux, que les membres de la Société ne croisaient que rarement sur leur route.

Hélas, Tom avait réussi à s'en procurer une.

Et maintenant, il la brandissait au-dessus de sa tête en poussant un cri de triomphe.

Gavin frissonna. Il vit Jonathan blêmir.

— Tom ! protesta Tara. Qu'est-ce que tu fais ?

Le mortel s'avança lentement dans la chambre, le bras qui tenait la crosse tendu en avant. Les effets incapacitants de celle-ci ne tardèrent pas à se faire sentir. Gavin éprouva comme un engourdissement dans tout le corps. Il lui fut bientôt presque impossible de remuer les bras et les jambes. Devant lui, Jonathan tomba à genoux.

Au même instant, Tom fondit sur lui et le poignarda avec la pointe de la crosse. Jonathan rejeta la tête en arrière en ouvrant la bouche, libérant un cri muet. Ses yeux se fermèrent, et il s'écroula sur la moquette.

Alors, Gavin vit Tara se précipiter vers Tom. Comme si elle possédait tout à coup une force surhumaine, elle se jeta sur lui et, d'un violent coup d'épaule, le fit tomber à la renverse. La pointe de la crosse, qu'il n'avait pas lâchée, sortit de la poitrine de Jonathan.

Tara se rua sur Tom pour lui arracher son arme.

Enfin, Gavin put réagir. Les effets néfastes de la crosse ne s'étaient pas totalement dissipés, mais, comme Tom ne la brandissait plus vers lui, il pouvait se soustraire à sa transe. Poussant un cri pour se donner du courage, il s'obligea à faire un pas en avant. Puis un autre. Son corps recouvra sa mobilité. Il n'avait plus ses pouvoirs surhumains, mais il était en mesure de secourir Tara. Tant pis s'il y laissait sa propre vie. Il voulait la sauver.

La jeune femme émit tout à coup un cri de souffrance aigu. Gavin écarquilla les yeux. Puisant des forces dans son désespoir, il s'avança vers Tom.

Le mortel avait poignardé Tara ! Ivre de rage, Gavin se jeta sur lui, l'agrippa par les épaules et le projeta contre le mur, si brutalement qu'il le vit s'effondrer par terre comme un pantin désarticulé.

— Tara ! fit Gavin d'une voix implorante en la prenant dans ses bras.

La jeune femme gémit, puis ouvrit les yeux. D'une main, il lui pressa le ventre, là où la pointe de la crosse avait percé la chair, essayant d'endiguer le flot de sang qui jaillissait de la blessure.

— Non, murmura-t-il. Ne meurs pas. Ecoute-moi, Tara...

Derrière lui, il entendit Jonathan pousser un râle de souffrance. Il se tourna pour voir son ami se traîner jusqu'à Tom qui était en train de reprendre connaissance. Rapidement, Jonathan se saisit du pieu que le mortel avait laissé tomber, et le lui planta dans le cœur.

Puis Jonathan s'approcha de lui. Gavin vit dans les yeux de son ami que, pour lui aussi, l'heure de mourir était venue.

— Propose-lui le Passage, murmura Jonathan d'une voix entrecoupée, en désignant Tara.

— Non, balbutia Gavin.

— Elle va mourir !

— Jamais je ne la condamnerai à devenir vampire. Vivre sans émotions, sans amour, ce n'est pas vivre...

— Alors... Essaie... peut-être l'Echange, suggéra Jonathan dans un souffle presque inaudible. C'est ton seul... espoir. Il te faut... une chapelle.

— C'est dangereux...

— Oui. Vous risquez de... mourir. Mais cela marchera... peut-être.

Gavin ferma les yeux, incertain. La légende pouvait-elle devenir réalité ? Le salut de Tara résidait-il dans l'Echange — le rituel par lequel un mortel et un vampire mêlaient leurs sangs pour unir leurs existences ? Oui, cela pouvait marcher...

— Pars... maintenant ! ordonna Jonathan. Essaie...

Il n'acheva pas sa phrase. Un souffle rauque s'échappa d'entre ses lèvres. Il tomba doucement sur le sol, les yeux révulsés. Gavin sentit son cœur se contracter.

Mais Jonathan avait raison. Pour Tara, et aussi pour la mémoire de son ami, il devait agir très vite !

Portant la jeune femme dans ses bras, il sortit de la chambre. A présent, il avait recouvré sa force surhumaine. Il pouvait se déplacer très vite.

Vif comme l'éclair, il descendit au rez-de-chaussée de l'hôtel, presque désert à cette heure de la nuit.

Tara n'en avait plus que pour quelques minutes à vivre. Il fallait commencer l'Echange immédiatement.

Heureusement, tous les palaces de la ville possédaient leur propre chapelle.

Celle de l'hôtel était une jolie petite église en miniature, toute lambrissée de bois clair, ornée de nombreuses fleurs, éclairée avec beaucoup de soin.

Gavin y entra, referma la porte derrière lui et s'avança vers l'autel, aussi intimidé qu'exalté à la pensée que jamais, depuis son Passage, il n'était entré dans un lieu de prière.

Soudain, une douleur sourde lui déchira le cœur. Baissant les yeux, il s'aperçut que le visage de Tara pâlissait terriblement. Elle agonisait.

Il l'allongea sur le drap blanc immaculé qui couvrait l'autel et lui prit le visage entre les mains.

— Non ! supplia-t-il en levant les yeux vers la croix. Laissez-la vivre ! Par pitié, Seigneur ! Qu'elle vive !

A sa plus complète stupéfaction, il sentit des larmes rouler sur ses joues. Il y avait des siècles qu'il n'avait pleuré !

— Commence l'Echange tout de suite, lui ordonna une voix derrière son dos.

Médusé, Gavin cligna des yeux. Rêvait-il ? Avait-il perdu la tête ?

Il se retourna. Non, il ne rêvait pas. La Haute Assemblée au grand complet se trouvait ici, dans la chapelle !

Leur présence était incompréhensible. Inouïe. Mais il devinait — d'instinct — qu'ils étaient venus l'aider, et le soutenir dans son épreuve.

Ils s'expliqueraient plus tard — s'il vivait encore après l'Echange.

Lentement, il inclina le buste, puis unit ses lèvres à celles de sa bien-aimée.

13.

Gavin était la proie d'un désespoir intense. L'Echange était achevé, et Tara ne réagissait toujours pas. Chaque seconde qui passait lui était un supplice.

Son cœur battait la chamade. Et son âme, qu'il croyait rétive aux émotions, protestait contre l'injustice dont Tara et lui-même étaient victimes. Si elle ne vivait pas, qu'il puisse au moins mourir à sa place, que Dieu lui accorde cela ! Il ne demandait pas mieux que de disparaître pour laisser la vie à la femme qu'il aimait.

Et, tout à coup, Gavin perçut une sorte de frémissement dans la poitrine de Tara. Puis une chaleur douce, qui émanait d'elle, l'enveloppa.

— Elle vit, murmura-t-il d'une voix rauque.

— Comment le sais-tu ? demanda Alana.

— Je ne sais pas... Je le sens.

Plusieurs membres hochèrent la tête.

— Alors c'est donc vrai, observa la vampire d'un ton émerveillé. L'Echange est possible. Nous pouvons nous unir aux mortels, si l'amour qui nous lie est authentique.

John acquiesça d'un hochement de tête solennel.

Tara éprouvait une vive douleur dans le ventre, à l'endroit où Tom l'avait poignardée. Mais, curieusement, elle percevait que cette souffrance s'atténuait peu à peu. En même temps, elle se sentait glacée, comme si son sang ne circulait plus dans ses veines, et étrangement réchauffée par une présence réconfortante qui l'enveloppait, la serrait...

Etait-elle morte? Avait-elle franchi la barrière de l'au-delà?

Non. Elle sentait son corps. Et la chaleur qui l'entourait provenait... d'une personne. Quelqu'un la tenait entre ses bras.

Elle aurait aimé pouvoir se dire que ces bras étaient ceux de Gavin. Mais, la dernière fois qu'elle l'avait vu, il était écroulé par terre — terrassé par l'étrange objet que Tom avait brandi contre les deux vampires.

Gavin... Un immense désespoir la saisit, et elle frissonna de tout son être. La plupart des mortels le considéraient comme un monstre. Mais, pour elle, il était le meilleur des hommes, et le plus tendre des maris. Il était une créature de la nuit, mais il lui avait fait voir la plus éblouissante des lumières.

Si Gavin était mort, alors elle ne voulait plus vivre!

Elle aurait tout donné pour revivre le passé, retrouver l'homme qu'elle aimait et lui avouer combien elle avait appris, grâce à lui, durant le court laps de temps qu'ils avaient passé ensemble. Ils s'étaient tout donné, ils avaient posé les bases d'une relation intense et merveilleuse. Elle aurait tellement aimé lui dire cela.

Et puis, soudain, une voix s'éleva, envahit son esprit. Une voix qu'elle adorait.

— Tara...

Une pulsion chaude la saisit, aussi intense que celles qu'il lui avait procurées pendant qu'il la caressait, dans la chambre...

— Tara, répéta Gavin d'une voix émue.

Une linge tiède se posa sur son front, lui faisant un bien fou et stimulant ses sens. Tara sentit un sourire lui monter aux lèvres.

— Gavin..., murmura-t-elle.

Quelque part, là, tout près, plusieurs voix se mirent à parler en même temps, sur le ton que l'on accorde aux miracles.

Elle sourit de plus belle et entrouvrit les yeux. C'était un miracle, oui. Gavin était là, penché au-dessus d'elle, bien en vie !

Elle eut un instant de doute. Peut-être avait-elle perdu la raison ? Son imagination lui jouait des tours...

Gavin approcha ses lèvres des siennes et lui donna un baiser tendre. Ses doutes se dissipèrent. Elle l'embrassa à son tour, avec passion, se répétant avec exultation qu'ils n'étaient morts ni l'un ni l'autre, qu'ils étaient au contraire tout à fait vivants !

Elle ouvrit complètement les yeux, et son mari rompit le sceau de leurs lèvres.

— Gavin..., chuchota-t-elle, émerveillée, bouleversée de le voir en larmes.

Comme elle levait une main pour lui essuyer les joues, il la serra plus fort encore dans ses bras.

— Oh, Seigneur, merci ! Merci ! Tu es en vie, oh, mon amour, tu es en vie !

Elle l'étreignit à son tour. Elle ignorait comment elle avait pu rester en vie, mais, bien sûr, il avait fallu un miracle pour les sauver, Gavin et elle, et leur permettre de se retrouver.

— Oh, Gavin, laisse-moi te regarder, balbutia-t-elle en l'écartant pour plonger son regard dans le sien.

Elle le dévisagea comme si elle le redécouvrait. Et c'était peut-être le cas, car il semblait différent de l'homme qu'elle avait rencontré en début de soirée. Elle voyait maintenant devant elle un homme qui avait découvert l'amour, avait failli le perdre, puis, en le retrouvant, avait compris le sens profond des sentiments qu'il nourrissait pour sa femme. C'était tout cela qu'elle lisait sur le visage qu'elle aimait tant.

— J'ai entendu des gens qui parlaient, observa-t-elle en regardant autour d'elle. Où sont-ils ?

— Ils viennent de partir, répondit Gavin d'une voix fêlée. Ce sont mes... amis.

Elle sourit.

— Les honorables membres de l'Assemblée ?

— Oui, acquiesça-t-il. Ils étaient tous ici, pour nous soutenir.

Elle inspira profondément.

— Que s'est-il passé ? demanda-t-elle.

— Nous avons réussi... l'Echange. En mêlant nos sangs. Et... cela t'a sauvée de la mort.

— Alors... c'était donc possible ?

— Nous pensions que ce n'était qu'une légende, mais... voilà. Nous sommes là ! conclut-il en haussant les épaules d'un air merveilleusement heureux.

— Toutes les légendes ont un fond de vérité, observa-t-elle avec malice.

Il s'illumina d'un sourire.

— Je t'aime, Tara. Je t'aime de tout mon cœur. Et mon cœur bat maintenant comme il n'avait jamais battu auparavant. Grâce à toi, mon amour.

Elle sentit des larmes lui monter aux yeux.

— Moi aussi je t'aime, Gavin.

— C'est toi qui m'as révélé à moi-même, qui m'as permis de m'ouvrir aux sentiments, ajouta-t-il. Chaque jour de mon existence, je te rendrai ce bienfait.

Elle hocha la tête, la gorge nouée d'émotion contenue.

— L'Echange est une espèce de... mariage, n'est-ce pas ?

Il la dévisagea un instant.

— Oui. Il lie nos corps, et aussi nos âmes, et il nous unit à jamais.

Un tendre sourire illumina son visage.

— Alors je pense que nous méritons une lune de miel. Qu'en dis-tu ? conclut-elle d'un ton plein de promesses.

Et leurs lèvres s'unirent avec tout l'amour que cette nuit exceptionnelle avait fait naître dans leur cœur.

14.

Tara sentit les doigts de Gavin étreindre les siens.

— Es-tu anxieuse ?

Elle secoua la tête, émue par la pointe de tendresse pleine de sollicitude qu'elle percevait dans la question. Elle se demanda si cette perception accrue venait des pouvoirs qu'elle avait acquis par l'Echange, ou si cela s'expliquait par le simple fait que Gavin et elle s'adoraient et vivaient très à l'écoute l'un de l'autre.

Sans doute était-ce la synergie des deux phénomènes, pensa-t-elle en souriant.

Alana entra dans la pièce et s'avança vers eux. Elle portait une longue robe noire qui lui donnait l'allure d'une reine de la nuit. Elle paraissait cependant un peu nerveuse.

— Etes-vous prêts ? s'enquit-elle, sourcils froncés.

— Nous sommes prêts, acquiesça Gavin.

— Nous commençons dans une minute, annonça la vampire avant de ressortir pour regagner la grande salle de réception de la Société.

Gavin enlaça Tara.

— Je t'aime, ma chérie. J'adore te le dire...

— Tu sais à quel point je t'aime, moi aussi, répondit-elle en lui caressant la joue. En fait, je crois que je suis tombée amoureuse de toi dès que je t'ai vu entrer dans le salon, le soir de la cérémonie que j'avais organisée à la mémoire de Charlene.

— Moi, je crois que c'est ton rire qui m'a d'abord séduit...

— Ah oui ? s'étonna-t-elle en s'esclaffant de bon cœur avant de lui tendre les lèvres d'un air mutin.

Leur baiser se fit aussi ardent que leur amour.

Tara se sentait profondément heureuse, et divinement sereine. Il lui semblait qu'avec Gavin, elle avait trouvé sa place dans le monde, et donné un sens à son existence.

— Que va-t-il se passer dans la Société, maintenant ? demanda-t-elle après qu'ils se furent embrassés.

— Les vampires vont apprendre à changer. Comme moi. Comme Jonathan. Ils vont s'ouvrir à leurs émotions. Ils vont nouer des relations avec les mortels, du moins avec ceux qui ne nous verront pas comme une menace. Car ce que nous partageons, toi et moi, tous les vampires désirent le trouver, désormais.

— Ils y arriveront, à ton avis ?

Gavin haussa les épaules.

— Je l'espère pour eux. Mais je crois qu'en ce qui nous concerne, nous avons inventé quelque chose... d'exceptionnel. Nous vivons un miracle, en quelque sorte. Et les miracles ne se produisent pas très souvent. Cela dit, si les vampires acceptent l'idée d'aimer, c'est déjà... immense.

— A quoi sert la cérémonie d'aujourd'hui ?

— C'est une première étape pour la transformation de la Société. Aujourd'hui, tous les vampires, avec la Haute Assemblée à leur tête, vont présenter leurs excuses à Jonathan, et lui faire leurs adieux. Sa mort nous a donné à tous une très grande leçon.

Ils demeurèrent songeurs un moment, se remémorant le décès tragique de Jonathan, de Charlene et de Tom. Leurs destins à tous les trois, si tragiques fussent-ils, engendraient de nouveaux comportements. C'était là un bienfait qu'il fallait méditer.

Tara leva les yeux vers Gavin.

— Suis-je vraiment des vôtres, maintenant ? Suis-je une vampire ?

— Non. Et moi non plus, je ne suis plus tout à fait un

vampire. Nous sommes tous les deux un mélange de ce que nous étions auparavant, mi-mortels, mi-immortels.

— C'était ce que promettait la légende de l'Echange, n'est-ce pas ?

— Oui. Si l'Echange réussissait, les âmes des amants se rejoignaient et partageaient les deux mondes, unissant la lumière aux ténèbres, le pouvoir à la fragilité, la raison aux sentiments...

— Est-ce que nous savons combien de temps nous avons devant nous ? murmura-t-elle, crispant malgré elle la main sur le bras de Gavin.

— Ça, personne ne le sait jamais. Nous ne pouvons prévoir la durée de notre existence commune, pas plus que nous ne pouvons prévoir l'avenir.

— Alors, observa-t-elle avec un sourire tendre, nous sommes ni plus ni moins un couple de jeunes mariés démarrant dans la vie.

— Oui.

— Et après nous être mariés pour de mauvaises raisons...

— Nous sommes devenus mari et femme pour les meilleures raisons qui soient.

Alana reparut sur le seuil de la pièce.

— Nous sommes prêts, annonça-t-elle.

Ils la suivirent dans la salle de réception. Des milliers de vampires étaient rassemblés là, les dévisageant avec attention.

— Gavin... ? murmura Tara en s'immobilisant.

Il la regarda d'un air inquiet.

— Oui ?

— Je me suis entraînée, tu sais, chuchota-t-elle avec un sourire espiègle. Et maintenant, je sais aussi bien voler que toi.

Comme elle s'y attendait, il parut d'abord estomaqué par cette révélation. Puis il partit d'un grand rire joyeux qui résonna longuement entre les murs de la salle.

HARLEQUIN *Sixième Sens*

Prochain rendez-vous

Le 15 mars, ne manquez pas les deux prochains romans de la collection Sixième Sens Harlequin.

TALISMAN, ***de Maggie Shayne • N° 169***

1881, Quintown, Texas. Folle de rage contre les Brand qui ont assassiné son père et volé son ranch, Esmeralda Montaya se venge en poignardant l'un des leurs. Mais ces hors-la-loi tiennent les rênes de la petite ville du Texas, et ne tardent pas à la condamner à mort. Voyant sa dernière heure arriver, la jeune femme serre dans sa main le petit cristal que lui a donné son père. Aussitôt, contre toute attente, un homme surgit pour la sauver de la potence. Stupeur! Il ressemble à s'y méprendre à celui qu'elle vient de tuer...

UNE PASSION D'ANGE,
de Karen Toller Whittenburg • N° 170

Habitué à confier sa fille de cinq ans à des baby-sitters depuis la mort de sa femme, Sam Oliver voit arriver un jour une visiteuse peu ordinaire. Gloria est belle, séduisante, farfelue et, surtout, elle accomplit des prodiges. Cependant, en mission temporaire sur terre, elle n'a pas le droit de s'attacher à un humain. La passion naissante entre Sam et Gloria est donc sans issue. Et, à mesure qu'approche l'heure de la séparation, le destin semble inéluctable. Mais un ange a mille manières de ne pas se faire oublier...

Joyeuse Saint-Valentin

Attention, ce mois-ci : les flèches de Cupidon seront redoutables. Pour la Saint-Valentin en effet, cet ange malicieux est plus obstiné que jamais et n'entend pas qu'on lui résiste. Pas les amoureux en tout cas, pas plus que celles d'entre nous qui rêvent du Grand Amour ! Aussi les collections Harlequin dédient-elles à tous les amoureux un coffret spécial, ainsi que de nombreux romans inédits, et des promotions à découvrir sans plus attendre !

EN FÉVRIER

Coffret Saint-Valentin

L'Amour... Existe-t-il sur terre chose plus précieuse, plus ensorcelante, et plus merveilleuse que d'aimer et être aimé ? Alors que nous nous apprêtons à fêter la Saint-Valentin, Cupidon ne songe qu'à marier les amoureux et à semer le bonheur autour de lui ! Alors pourquoi s'étonner si, comme Maggie, il nous arrive un jour de tomber amoureuse d'un fantôme ? Vous n'y croyez pas ? Attendez de lire son histoire... Quant à Angie et Laura, les deux autres héroïnes de ce coffret spécial, elles vont vivre le plus étourdissant des coups de foudre.

Coffret "3 romans pour le prix de 2" Horizon

Ne manquez pas notre coffret "3 romans pour le prix de 2", composé de 2 romans inédits de la collection Horizon ainsi que d'un roman de la collection Royale, spécialement réédité pour vous et gracieusement offert.

ET LE 15 MARS

Coffret "Désir et séduction"

Choisir pour une nuit un amant qu'on ne reverra pas... Évoluer sur une scène de cabaret pour un audacieux strip-tease... Se refuser à son époux le soir de ses noces... Fantasmes ! vous direz-vous. Fantasmes ! auraient répondu Abigal, Caroline et Angie, les 3 héroïnes de ce coffret, si les surprises de la vie ne les avaient poussées à de telles audaces. Vous laisserez-vous séduire à votre tour ?

Chacun de ces 3 romans dévoile pour vous les facettes de la sensualité et vous donne rendez-vous avec les collections Rouge Passion et Désirs.

OFFRE D'ABONNEMENT

A compléter et à retourner sous enveloppe affranchie à :

Service Lectrices Harlequin
Cédap / BP 77 - 94232 Cachan Cedex

Oui, je désire profiter de cette Offre Spéciale.

Je recevrai d'abord un colis de bienvenue comprenant un roman *Sixième Sens* gratuit et un bijou. Ensuite, je recevrai un colis de deux romans Sixième Sens tous les mois avant même leur parution en librairie. Il en sera ainsi régulièrement tant que je le souhaiterai. Je pourrai arrêter les envois à tout moment.

Je ne paie rien aujourd'hui ; une facture accompagnera chacun de mes colis. Je recevrai tous les mois, 2 volumes de la collection *Sixième Sens* au prix exceptionnel de 23,75F l'un (et 7,10F de frais de port).

❑ Mlle ❑ Mme ❑ M. S1ZF52

Nom : ______________________

Prénom : ______________________

Adresse : ______________________

C.P. : ⎿⏊⏊⏊⏊⏌ Ville : ______________________

- ❐ **N° 147** : «La demeure envoûtée», de Glenda Sanders
- ❐ **N° 148** : «Le voyageur», de Barbara Delinsky
- ❐ **N° 150** : «Le chevalier de l'ombre», de Julie Kistler
- ❐ **N° 151** : «Une attirance magnétique», de Lucy Gordon
- ❐ **N° 152** : «Dans la peau d'une autre», de Judi Lind
- ❐ **N° 155** : «L'amant de minuit», de Kimberly Raye
- ❐ **N° 156** : «Au cœur du mystère», de Heather Graham Pozzessere
- ❐ **N° 157** : «Louis», de Nancy Gideon
- ❐ **N° 158** : «Le berceau enchanté», de Leandra Logan

Ces volumes de 224 pages sont disponibles auprès du Service Lectrices dans la limite des stocks. Si vous souhaitez commander certains titres, cochez les livres choisis et indiquez vos coordonnées ci-dessous. Chaque volume coûte 23,75 F, plus 12 F par colis pour la participation aux frais de port. **N'envoyez pas d'argent aujourd'hui, une facture accompagnera votre colis.**

Renvoyez ce bon à : Service Lectrices HARLEQUIN
CÉDAP / BP 77 - 94232 CACHAN CEDEX.

Mme ❐ Mlle ❐ Date d'anniversaire : __ __ / __ __ / __ __ __ __

NOM ______________________________

Prénom ______________________________

Adresse ______________________________

Code Postal __ __ __ __ __ Ville ______________________________

______________________________ Tél. : __ __ __ __ __ __ __ __ __ __

Abonnée : oui ❐ non ❐

Signature indispensable

Le **Service Lectrices** est à votre écoute au
01.45.82.47.47 du lundi au jeudi de 9h à 17h
et le vendredi de 9h à 15h.

Conformément à la loi Informatique et Libertés du 6 janvier 1978, vous disposez d'un droit d'accès et de rectification aux données personnelles vous concernant. Vos réponses sont indispensables pour mieux vous servir. Par notre intermédiaire, vous pouvez être amené à recevoir des propositions d'autres entreprises. Si vous ne le souhaitez pas, il vous suffit de nous écrire en nous indiquant vos nom, prénom, adresse et si possible votre référence client. Vous recevrez votre commande environ 20 jours après réception de ce bon.

Offre réservée à la France métropolitaine et sousmise à acceptation.

Composé sur le serveur d'Euronumérique, à Montrouge
par les Éditions Harlequin
Achevé d'imprimer en janvier 2001

BUSSIÈRE
GROUPE CPI
à Saint-Amand-Montrond (Cher)
Dépôt légal : février 2001
N° d'imprimeur : 2874 — N° d'éditeur : 8611

Imprimé en France